Revolution der Ethik

„Alle Menschen haben eine Vielzahl von Wünschen und Überzeugungen gemeinsam;
unterschiedlicher Meinung sind wir nur über den Sinn des Lebens,
 was wir tun müssen, um erlöst zu werden.“

„Rationalität hat nicht viel damit zu tun, ob Jemand ein anständiger Mensch ist.“

Wenn man der Metaphysik gegenüber argwöhnisch ist, sollte man eine
begründungsorientierte Moralphilosophie nicht weniger misstrauisch betrachten.“

Richard Rorty/“Hinter den Spiegeln“

Gisela Becker

Revolution der Ethik

Essays aus psychologischer Sicht

Titelbild: „Die alten Hirten", Bronze von Marianne Lüdicke,
Bernau-Weisham, Chiemsee
Herstellung: Books on Demand GmbH, Norderstedt
ISBN 3-8330-0300-6

Inhalt

Vorwort

Philosophie war mein Interesse; meine Lebenszeit habe ich verbracht als Ärztin, Hausfrau, Mutter, Psychotherapeutin. Da ich mit achtzig Jahren nicht mehr über große Zeiträume verfügen kann, habe ich gewagt, mich laienhaft mit den akuten Fragen nach einer für uns Heutige denkbaren Ethik zu befassen. Beim Nachlesen in der Geschichte der Philosophie stieß ich immer wieder auf Bestätigung meiner Gedanken bei philosophischen Kapazitäten. Wenn ich mich bemühte, die hoch-differenzierten Fachgedanken in meine Alltagssprache zu übertragen, fiel mir auf, wie viel Gemeinsames Philosophen verschiedener Zeiten verbindet. Da mich eine vereinfachende (sicher manchmal angreifbare) Grundidee treibt, wage ich, diese in Form von Essays niederzuschreiben. Wiederholungen sind kaum vermeidbar, wohl auch nützlich für das Verständnis.

Philosophie war lange Zeit „Besitz" nur einer schmalen Schicht. Geschichte, Geographie, Kunst, Literatur waren Bestandteil klassischer Bildung, Naturwissenschaften kamen hinzu. Philosophie ist bis heute wenig zugänglich, meiner Meinung nach vorwiegend durch ein sehr spezialisiertes Denken in einer sehr differenzierten Sprache. Ich will versuchen, mich ohne Verfälschung und Verflachung der Inhalte so verständlich auszudrücken, wie es Ärzte den Patienten gegenüber täglich für ihr Fach praktizieren. Denn m. E. ist es wichtig, dass Fragen der Ethik heute von der Philosophie angegangen werden.

Die christliche Religion besitzt nicht mehr eindeutige Autorität, so dass auch einem tief gläubigen Menschen eine Verteidigung seiner Grundsätze in der Öffentlichkeit sehr erschwert ist. Denkt man an den Einbruch anderer Religionen in unser Land –wie bemüht man sich augenblicklich, uns den Islam nahe zu bringen ! – so muss wohl eingesehen werden, dass nur rational begründbare Ansichten ein Zusammenleben einer immer pluralistischer werdenden Gesellschaft erleichtern können.

Wenn ich den Grundpfeiler unserer Vergangenheit, die Kirche, außer Acht lasse, so nur in einer Beziehung , und zwar da, wo sie ihre Anhänger zwingen will, naturwissenschaftliche Fakten abzulehnen oder naturwissenschaftliche Gewissheiten zu behaupten, die auch ihre eigenen Vertreter rational nicht erfassen können. Ich wende mich nicht gegen seelische Erlebnisse als Fakten an sich, nicht gegen die Ehrfurcht einer Schöpfung und einem Schöpfer gegenüber. Wenn man wie ich Psychosen erlebt hat, dann weiß man, wie ergreifend wahr der seelische Inhalt ihrer Halluzinationen ist bei gleichzeitiger Verkennung der Realität.

(Ein kleines Beispiel: Eine Patientin erzählt, plötzlich sei ihr Zimmer ganz mit Holz ausgefüllt gewesen. Die Deutung: „Sie fühlten sich plötzlich gefangen", wird mit großer Erleichterung bejaht).

Die rationale Denkungsart in Verbindung mit induktiver Naturwissenschaft und sich daraus ergebender kreativer Technik hat uns zu Realisten gemacht, die nur noch durch Selbstbetrug so gläubig werden können, wie die Altvorderen in ihrer spekulativen Weltschau unbefangen bejahend sich führen ließen. Realismus bedeutet ehrliche Bescheidenheit dort, wo wir unsere Grenzen erblicken.

Können wir aber aushalten, dass die großen Fragen „Woher, Wohin, Wozu" unbeantwortet bleiben? Kann

8

der Durchschnittsmensch das Leben in schweren Stunden ertragen ohne Hoffnung, ohne Sinngehalt für erlittene Opfer, ohne Gefühl eigener Wichtigkeit ? Esoterische Sekten wuchern in diese Lücken, wo Sehnsucht , eigene Bedeutung, seelisches Machtgefühl befriedigt werden sollen, wo eigenes Dazutun mit großem Einsatz Zusammengehörigkeit, Elitegefühl und scheinbare Sinngebung hervorrufen wie ein verstecktes Gift, wie eine Droge.

Auch in die nüchterne Forschung schleichen sich Utopien ein: Träume einer durchweg gesunden Menschheit, einer verbesserten Menschheit mit optimierten Genen. Es gibt ein Gezerre um Menschenwürde und die Phantasie von Schreckens-Szenarien. Selbstgeschaffene Monster erinnern an Bilder des Jüngsten Gerichts.

M. E. sind Metaphysik, Glaube, Transzendenz heute mehr oder weniger Privatsache, individualistisch. Man kann und darf Glauben nicht befehlen. In Kirchen treffen sich Gleichempfindende, nicht Auserwählte.

Auch Atheisten erleben diese (vielleicht wichtigste) Seite menschlichen Lebens, dieses Ahnen, dieses Ungewisse; Freud nennt es: „ozeanisches Gefühl", Nietzsche: „Das Ungeheure". Jeder hat Zeichen davon erlebt, dass es „Dinge zwischen Himmel und Erde gibt", die der menschliche Geist nicht erfasst. Philosophie hat alle Erkenntnisversuche begleitet, sie hat immer beobachtet und gestaunt, m. E. muss sie es sein, die ethische Fragen der Jetzt-Zeit klären sollte im Sinne der vielen unterschiedlichen Personen, die das Eine gemeinsam haben: Ihre Insuffizienz.

<u>Zitat:</u>

Pascal (1623 – 1662):

„Die Wahrheit gründet sich auf eine Logique du coeur, Ordre du coeur und auf das
subjektive Erlebnis mystischer Gottesbezeugung. Rationalismus vermag nicht zu antworten auf die Fragen eines Weges zum Seelenfrieden“.

Einleitung

Eine Sorge geht um, mal laut, mal leise, mal übertönt, mal verdrängt: Sind wir in der Lage, mit der Fülle von Wissen, Können, Information, Wohlstand umzugehen? Sägen wir den Ast ab, auf dem wir sitzen? Das Bewusstsein für Überforderung und Missbrauch unserer „Mutter Erde" hat sich einigermaßen durchgesetzt. Die andere Überforderung an uns selbst, an die menschliche Gemeinschaft, ist weniger durch- und überschaubar. Vielleicht sind Dinosaurier deshalb so in Mode, weil sie unseren Zustand symbolisieren: Zuviel Substanz für den kleingebliebenen Kopf, also bei uns zu viel Möglichkeiten für einen dafür insuffizienten Entscheidungsapparat. Zwei Schlagwörter hört man jetzt immer häufiger: Ethik und Metaphysik. Um beide Gebiete hat sich über Jahrhunderte die Kirche gekümmert. Sie vermittelte Gewissheiten über das Leben nach dem Tod und entsprechende feste Verhaltensregeln für das Leben hier und jetzt. Kirche und Staat waren Autoritäten, die ihre Völker bei Entscheidungen entlasteten durch das oberste Gebot des Gehorsams: „Keine Götter neben mir!" Nichtachtung und Ungehorsam wurden geahndet mit „Vertreibung" (Exkommunikation).

Die Sozialisierung, die Verbreitung von Bildung, das Verschwinden der Standesgrenzen, schließlich die Beteiligung der Bürger an Macht und Geld in der Demokratie haben das alte Gefüge zum Wanken gebracht. Da heute jeder Bürger denken **soll**, um die **„richtige"** Wahl zu treffen, ist es nicht mehr möglich, ihm das Kritisieren von Kirche, Bibel, Staat zu untersagen.

Weise wussten schon immer, dass es unlösbare Probleme gibt. Die heutigen Dispute und Diskussionen lassen offenbar werden, dass nicht jede Frage eine Lösung finden kann, dass es nicht eine einzige Wahrheit für alles und alle zu geben scheint. Wo früher ein Monarch alleine um eine Entscheidung rang, zanken sich heute Hunderte.

Wo früher dieser christliche Herrscher sich unsicher, aber bescheiden fügte unter Gottes, bzw. der Kirche Willen, bleiben heute Einzelne, Gruppen, Parteien, Völker, Glaubensgemeinschaften, teils fanatisch engagiert, teils resignierend, auf eigenen Vorteil bedacht. Wo früher die Bibel und mit ihr die zehn Gebote unantastbar heilig waren, erleben heute ernste Mitbürger, wie unbefriedigend formal die zehn Gebote sein können. Niemand wird ihren Wert als Grundstruktur bezweifeln, aber blinder Gehorsam in Grenzsituationen kann ethisch nicht vertretbare Folgen haben. Die einschneidende Zäsur unserer Zeit ist dieser Wechsel von formaler Gesinnungsethik zur Verantwortungsethik eigener Entscheidung. Seitdem „die Macht dem Volk" gehören soll, gehört ihm auch die Verantwortung. Vielleicht ist es die verständliche Angst davor, die heutzutage junge Leute soviel später erwachsen werden lässt, die eine Versorgungshaltung perpetuiert, Risikobereitschaft minimiert, ja selbst das Outfit kindlich bunter und legerer werden lässt, Politikinteresse reduziert. Hinzu kommt, dass die Entscheidungen heutiger Zeit unüberschaubar geworden sind. Brauchen wir Atomkraft? Kann Kohle geduldet werden? Müssen wir weltweit unterdrückten Minderheiten helfen? Sind wir weltweit für Hunger und Katastrophen zuständig? Ist Gentechnik notwendig oder gefährlich? Dürfen wir unsere völkische Eigenart bewahren? Müssen wir ein Einwanderungsland werden? Auch im Privaten stehen in jeder Familie eine Vielzahl von Entscheidungen an: Müssen unsere Kinder mit dem Luxus anderer Kinder konkurrieren? Welche Schule sollen wir wählen? Wie permissiv dürfen oder müssen Eltern sein? All diese Fragen waren noch bis zum letzten Krieg mehr oder weniger durch Sitten und Standesgrenzen bestimmt. Es gab weniger Freiheit, aber damit auch weniger Entscheidungsmöglichkeiten, bzw. Zwänge. Die Befreiung der Sexualität hat manche Neurose vermieden, aber auch Ehen und damit Geborgenheit für Kinder zerstört, junge Mädchen verunsichert, Liebe entzaubert.

Die apodiktischen Antworten der Kirche auf die Grundfragen der Menschheit werden nicht mehr kritiklos übernommen. Nach dem Einbruch des Materialismus und der Katastrophe des 2. Weltkrieges kam es zu einer Ablehnung der Sekundärtugenden wie Disziplin, Ordnung, Tapferkeit, Solidarität; der Missbrauch durch den Nationalsozialismus führte zu Desillusionierung und Interesselosigkeit für Metaphysik.

Um die Grundfragen der Menschheit nach dem „Woher, Wohin, Wozu, dem Wie" kümmern sich außer der Religion auch Philosophie und Psychoanalyse.

Religion gibt Gewissheit, verlangt Vertrauen!

Philosophie staunt und fragt;

Psychoanalyse beschreibt und deutet.

Ich möchte (als Ärztin und Psychotherapeutin) „Anamnese, Befund, therapeutische Möglichkeiten und Prognosen" allgemein beleuchten.

Mein Grundgedanke, der immer wieder anklingen muss, besteht in der Betonung des heute vorliegenden einschneidenden Wechsels in der Ethik vom Gehorsam zur eigenen Verantwortung. Ich glaube, dass ein Abschied von kirchlicher Glaubensgewissheit vertikal nicht Anmaßung und Leichtsinn beinhaltet, sondern bei ernsthaften Menschen eine neue Demut. Wir haben von Darwin erfahren, dass wir vom Tier abstammen, - von Freud, wie determiniert wir sind, - aus eigener Erfahrung, wie wir und andere unschuldig schuldig werden, weil wir nicht nur aus Vernunft handeln **können,** wie es die Aufklärung hoffte. Wir können uns nicht mehr für so gottähnlich halten, dass wir nur durch vermeidbare Sünden von Göttlichkeit entfernt sind. Wir müssen lernen, unsere triebhafte (animalische) Determinierung zu verstehen und sie in unsere Handlungsentscheidungen einzubeziehen. Die große Schuld des „So-Seins" könnte dem bescheideneren Anspruch weichen, aus Fehlern zu lernen: Das „Mängelwesen Mensch" (Gehlen), um Verständnis bemüht für sich und seine Mitmenschen (Hermeneutik), wäre entlastet von der Erbschuld, müsste die Schöpfung Mensch als gottgegeben anerkennen. Von großen Ängsten und Schuldgefühlen befreit, wäre sein Anliegen nicht narzisstische Annäherung an ein Ideal-Ich, sondern bewusste Verantwortung für die Folgen seiner Handlungen. Die neue Demut hieße: Ich bin ein Teil der großen Schöpfung, nicht ihr Herr. Ich kann nicht wissen, welchen Sinn ihr Schöpfer ihr gab. Mit meinen Gaben will ich so walten, dass ich meiner Umgebung so wenig wie möglich schade, und selber so glücklich sein kann wie möglich. Die Beobachtung unserer Umgebung lehrt uns, dass wir ertragen müssen, uns oft zu irren, unseren Affekten oft ausgeliefert zu sein, Schuld und Versagen aushalten zu müssen, von anderen Menschen frustriert zu werden……, leichter wird es nicht, da kompensatorische Illusionen wegfallen. M. E. ahnen wir, dass metaphysisches Wissen nicht mehr allgemeingültig gefordert und angenommen werden kann. Eine ehrliche Einstellung zu den

14

Fragen nach dem Sinn des Lebens und nach dem Leben nach dem Tod kann m. E. nur noch persönlich erlebt werden, ähnlich wie eine Einstellung zu Schönheit, Sehnsucht, Rührung individuell ganz unterschiedlich bleibt. Die Diskrepanz zwischen unserem wissenschaftlichen Zeitalter und dem, was nicht mit Verstand begriffen werden kann, hat Horkheimer einmal so ausgedrückt: „Der einzige Gottesbeweis, den es gibt, ist unsere Sehnsucht danach!“

Ehre und Furcht

„Ehre und Furcht" gehen eine Verbindung ein in dem Wort „Ehrfurcht".

Auf einsamer Fahrt in einer weiten öden Flusslandschaft in Afrika überfiel den Arzt, Theologen und Philosophen Albert Schweitzer plötzlich der Begriff „Ehrfurcht vor dem Leben" wie eine Offenbarung als Schlüsselwort menschlicher Ethik. Das bedeutet Zu- oder Einordnen des Menschen in die Verantwortung allem Lebenden gegenüber, also eine Ethik der Umwelt gegenüber, der Natur und den Menschen.

Die überkommene christliche Ethik hatte sich vorrangig zum Schöpfer hin ausgerichtet. Ihr Hauptziel war die Entwicklung des Menschen mit seinen göttlichen Anteilen zu Gott hin. Man litt darunter, durch Adam und Eva zur Erbsünde verdammt zu sein, von Gott getrennt. Man strebte nach größtmöglicher Ähnlichkeit und Nähe, „bis dass man Ruhe fände in Ihm", oder bis dass man **die** Wahrheit der Welt erkenne, sozusagen mit den Augen Gottes schauen könne. Nächstenliebe ist zwar ein Teil christlicher Ethik, aber noch mehr Anerkennung fanden im christlichen Mittelalter Einsiedler, Asketen, Mönche, (nur) Meditierende, (nur) Betende, die sich meist ganz ohne Aufgabe in diesem Leben nur auf ihr eigenes Innenleben konzentrierten, höchstes Glück und auch das Gefühl höchster Pflichterfüllung in diesem entsagenden (narzisstischen?) Reifen dem Jenseits entgegen empfanden. Ehre und Furcht forderte der oberste Richter, der gütige, strenge Vater.

Ehre und Furcht erweckte auch die Natur. In archaischen Zeiten wurde sie mit unheimlichen, bösen und guten

Geistern besetzt, später in romantischer Zeit geschönt mit der Projektion eigener Sehnsüchte. Naturwissenschaftler haben ihre Gesetze und Substanzen erforscht und dadurch Furcht verringert. Moderne Techniken haben dazu geführt, dass der Mensch sich selbst als Schöpfer sehen kann, ja dass er meint, die Schöpfung verbessern zu können, bzw. zu müssen. Nach der Veredelung von Lebensmitteln (Geschmack, Bekömmlichkeit, ununterbrochene Verfügbarkeit), der Züchtung von Haustieren aus den gefürchteten wilden, stehen wir heute erschrocken vor der Frage: Dürfen wir uns selbst verbessern?

So sicher die Kirche behauptete, den Willen Gottes zu kennen und den entsprechenden Gehorsam forderte, so unsicher fühlen wir uns heute im Umgang mit seiner Schöpfung. Wir sind alle geprägt von biblischen und anderen Geschichten, die uns an unsere Grenzen erinnern.

Da ist der Baum der Erkenntnis im Paradies. Seine Frucht war verboten, niemand weiß, warum. Wir kennen nur die Folgen: Wir sind gezwungen, teils aus Selbsterhaltung, teils durch den („edlen") Trieb der Wissbegier mit großen Mühen (Schweiß und Tränen) uns Stück für Stück Erkenntnisse zu erarbeiten und uns unter Schmerzen fortzupflanzen. Hätten wir bei freiem Genuss vieler Äpfel die ganze Wahrheit erfasst, nach der sich viele Jahrhunderte verzehrt haben?

Dann gibt es den begabten Techniker Ikarus, dessen Flügel an der Sonne schmelzen, mit der Lehre: Der Mensch versuche die Götter nicht!

Es gibt die großen Irrtümer der Christen, den Teufel ausmerzen zu müssen, den Optimismus, ihn erkennen und vernichten zu können! Exorzismus, Hexenverbrennung, Inquisition und viele lokale Grausamkeiten wurden so moralisiert im Bewusstsein einer Ethik nach oben, so dass

Menschen zweitrangig waren, so sehr, dass das Gebot „Du sollst nicht töten!" übertreten werden durfte. Ehrfurcht vor dem Schöpf**er** löschte die Ehrfurcht vor der Schöp**fung.** Heute empfinden wir dieses Gefühl von Partnerschaft mit Gott gegen das, das er erschaffen hat, als Selbstüberschätzung des Homo sapiens.

Unsere Zeit ist geprägt durch die Naturwissenschaften. Hier geht man induktiv von dem mit eigenen Sinnen Erfassbaren aus, man interpoliert geistig in das Allgemeinere, erkennt das Erforschte aber erst als Wahrheit an, wenn es nachvollziehbar, wiederholbar ist. Ich schildere hier eine sinnliche materielle Welt: Der Mensch benutzt selbstbewusst seine Sinne (= seinen Körper) und den Verstand. Plato dagegen, die Theologen und theologischen Philosophen des Mittelalters, auch noch die Denker der Aufklärung, benutzten ihre Phantasie. Phantasie ist gefühlsbetontes Denken, kreativer Verstand, der seine Anregungen aus seelischen Erlebnissen bezieht. Diese geistige begeisternde Aktivität lebt in Religionen, in der Kunst und pathologisch in der Psychiatrie. Phantasie ist nicht beweisbar, allenfalls erzählbar. Erleuchtungserlebnisse waren Geschenke des Himmels, deren Inhalt von den weniger Begnadeten unkritisch geglaubt werden musste. Aussagen der Kunst, die heute im Erlebnisbedürfnis der Menschen teilweise Religion vertritt, gründen auf Werken von Künstlern, also von Menschen. Dagegen erlebte man Offenbarungen und Bibel als Worte Gottes, die nicht infrage gestellt werden durften. Um im Thema zu bleiben: Der Künstler empfängt Ehre, aber nicht Furcht. Gott ist Erzeuger von Ehrerbietung **und** Furcht.

Ein weiterer Gegensatz zwischen Erforschungen der Materie und den Bedürfnissen der Gedankenwelt besteht im Denken in Werte-Kategorien. Naturwissenschaftlich wird nach Nützlichkeit gefragt, einerlei, ob für ein bestimmtes Projekt, für die ganze Menschheit oder ökonomisch nüchtern. Philosophie, Religion und Kunst rütteln uns auf, rufen mal Sehnsucht nach Frieden, mal Konfliktbewusstsein, mal Warnung, mal moralischen Anstoß an.

In alten Bildern erspüren wir die Ehrfurcht vor der Natur: Arkadische Landschaften, unheimliche Wälder, brausendes Meer usw. Immer mehr wurde Natur ein Projektionsfeld für das persönliche Gefühl des Künstlers, bis dieses für Abstraktion freischwebend mit wenig irdischem Anker zur Darstellung kommt. In unserem Alltag ist Erfurcht vor der Natur weitgehend verdrängt. Wir fühlen uns **über** der Natur, wir die Beherrscher, sie der Untertan. Die zivilisatorischen Schutzvorrichtungen haben uns so von der Natur entfernt, dass sie nur noch Kulisse, Freizeitpark, ein Garten für Erholung und Spender von Lebensmitteln und Bodenschätzen geblieben ist. Ehrfurcht wird selten erlebt, allenfalls noch beim Anblick von Naturgewalten, bei Stürmen, Erdbeben, Überflutung und Seuchen.

Ersetzen wir das Wort „Furcht" (= gezielte Angst) durch den Überbegriff Angst, so müssen wir feststellen, dass die Angst der Menschen sich nicht verringert hat. Zugenommen haben die neurotischen frei flottierenden Ängste und der Mangel an Zivilcourage. Erstere beinhalten persönliche Ängste, deren Auslöser ins Unbewusste verdrängt sind. Zivilcourage ist der Mut den Mitmenschen gegenüber, ihr Mangel die Angst, dem Gegenüber nicht gewachsen zu sein. Beiden fehlt der metaphysische Bezug, der im Begriff „Ehrfurcht" mitschwingt. Die Angst vor Mitmenschen war sicher immer vorhanden. Man empfand sich aber weniger isoliert als wir Heutigen; war man doch Glied der großen Herde, deren „Lämmer" gemeinsam ihren Hirten suchten; gemeinsam waren Erbschuld, gemeinsam die Sehnsucht nach Harmonie, gemeinsam die Angst vor Hölle und Teufel, gemeinsam die Hoffnung auf Gnade. Diesen Halt empfinden heute nur noch wenige; auf die Versprechungen der Kirche verlässt man sich selten. Soviel Zuwachs an konkretem Wissen über die Natur wir gewonnen haben, soviel Sicherheit an – vermeintlichem – Wissen über die Gesamtheit der Schöpfung haben wir verloren.

„Ehre und Furcht", welche Rolle spielen diese Begriffe noch in unserem Leben? Seitdem die Furcht vor der Natur fast ausgestorben ist, haben wir ihre Ehre mit Füßen getreten. Ausbeutung, Massentierhaltung, Überdüngung u.a. sind erschreckende Beweise. Unsere Furcht hat sich von metaphysischen Fragen weg den rein diesseitigen Machtkämpfen zugewandt, ohne Korrektur von oben. Eine neue Angst ist hinzugekommen, berechtigt, wie mir scheint: Die Angst vor eigener Verantwortung in einer Welt unendlicher Möglichkeiten bei einer Permissivität, die wenig Schutz bietet. Ehrfurcht vor der Schöpfung könnte hilfreich sein, „Ehrfurcht vor dem Leben", vor Pflanze, Tier und Mensch und damit auch vor sich selbst als ihrem Geschöpf. Das Aufregende der Gentechnik ist das Zusammenfallen der (bisher wertneutralen) Naturwissenschaft mit den ethischen Normen der Geisteswissenschaften, der Metaphysik der Ethik. Der Traum, ein besserer Schöpfer zu sein, nagt an der Ehrfurcht vor der Schöpfung. Ehrfurcht ist ein Gefühl. Ehrfurcht beinhaltet Anerkennung und Unterordnung. Ehrfurcht ist auch rational als inneres Erleben zu begreifen. Wir verehren das Wunder der Schöpfung mit all seinen komplizierten Vernetzungen, wir fürchten das Undurchschaubare. Wir unterscheiden uns von unseren Vorfahren dadurch, dass wir, egozentrisch stolz auf unsere Forschungsergebnisse, unseren Stellenwert überschätzen. Gerade jetzt befinden wir uns vor der Frage: Was dürfen wir aus der Schöpfung machen? Ob ein Sich-Versenken im Anblick der Natur (Theoria bei den Griechen, Andacht bei den Christen) ein wenig helfen könnte?

Gott ist tot ?

„Gott ist tot!" sagt Nietzsche. Also hat es ihn gegeben. Wo hat er gelebt? Antwort: In unserer Vorstellung, in unserer Sehnsucht danach, wie Horkheimer sich ausdrückt. Auch Descartes nennt ihn eine „res cogitans" im Gegensatz zu den sichtbaren Tatsachen, der „res extensa".

Ein Produkt unseres Denkens heißt technisch ausgedrückt: Wir stellen ihn selber für uns her, musisch ausgedrückt: Er lebt in unseren Herzen. Eine „raison du coeur „ nennt ihn schon der gläubige Pascal (1623 – 1662), d. h.: Gott ist ein Bedürfnis und eine Erkenntnis unserer Welt der Empfindungen. Es ist die „Sorge" sagt Heidegger, die uns treibt, die Gesetzmäßigkeiten unserer Umwelt zu erfassen und alles in guten Händen zu wissen, also ein Sicherheitsbedürfnis. Es ist auch die Hoffnung, eine Erklärung zu finden für das Elend dieser Welt und damit eine Möglichkeit der Abhilfe. Das christliche Mittelalter erhoffte von der Erkenntnis „**der** Wahrheit", verbunden mit der Beseitigung „**des** Bösen", also unserer Sünde, die Erlösung. Damals gab es noch nicht die heutige Differenzierung des Begriffs „Denken". Man versuchte, die Umwelt, die Fragen, bzw. die Tatsachen ebenso wie das Philosophische aus göttlicher Sicht zu betrachten. Dieser gemeinsame Horizont hatte Platz für die Seele. Seele war (und ist) ein denkendes Fühlen oder fühlendes Denken. Diese „Tätigkeit" nennen wir heute Phantasie. Nicht jede Phantasie kann als Ausfluss der Seele bezeichnet werden, aber stets ist Phantasie global, übergreifend und fast immer motiviert von Gefühlen. Phantasie und Träume sind sehr verwandt, Sehnsucht das Treibende. Selbst materielle

Ziele wie ein Eigenheim, eine Reise, eine Position, beinhalten Sehnsucht nach seelischem Erleben, nach Geborgenheit, Freiheit, Anerkennung.

Ein ergreifender Sonnenuntergang, eine stürmische Brandung, ein bezaubernder Fernblick lassen uns verstummen in Andacht; wir erfassen die Macht der Natur, nicht in der Beobachtung von Einzelheiten, sondern im Ganzen in ihrer undurchschaubaren Erhabenheit, die Welt als Ganzes, als Wesen. Das sind die Momente, da Immanenz und Transzendenz zusammengehören, sozusagen Sinne und Seele. Rein rational wird Natur zu einer Kategorisierung für Pflanzennamen und –familien, Benennung von Gestein und Bergeshöhen. Ebenso kann man Musik erleben, sowohl als Partitur, als auch emotional.

M. E. unterschätzen wir in unserer modernen Lebensphase den Stellenwert der Empfindung, des zweckfreien Staunens, Liebens, Sehnens als Mittelpunkt für das, wonach wir alle streben, für … Glück!

Die alten Griechen haben es gewusst: Sie nannten das zweckfreie hingegebene Schauen „Theoria" = höchste Glückseligkeit, das „der denkenden Betrachtung gewidmete Leben", den „bios theoretikos" die höchste Tugend. In der Natur spürten sie göttliche Kraft: Diogenes von Apollonia (499 – 428) und Anaxagoras (500 – 431) nannten sie „Nous" = Weltvernunft, Heraklit (544 – 483) und Aristoteles (384 – 322) „Logos" = Weltgesetz, Anaximander (611 – 545) „Hauch". Plato spricht von einer „Kosmos-Religion", was an die Stoa (Zenon 300 v. Chr., die ältere – Panaitus und Poseidonios die mittlere -, Seneca, Marc Aurel die jüngere) und den Pantheismus (Spinoza, Schleiermacher, Goethe u. a.) erinnert: „Deus sive natura" (Spinoza, 1632 – 1677), Goethes (1749 – 1832) „Gott-

Natur" und Schleiermachers Worte: „Dieses Sich-eins-Fühlen mit der Einheit des Ganzen und Ewigen ist Religion, eine schlechthinnige Abhängigkeit", Hegel (1770 – 1831) spricht von der „Weltvernunft", Jaspers vom „Umgreifenden", Freud (1856 – 1939) vom „Ozeanischen Gefühl".

All die Zitate über eine unsichtbare Kraft, die tief empfunden, aber nicht verifizierbar ist, alle diese Worte rufen uns zu: „Wir fühlen eine Macht". Nicht das analytische Beobachten und rein rationale Denken, das unseren Alltag begleitet, ist hier Antenne und Schlüssel, sondern das, was wir Seele nennen, aber nicht beschreiben können. Diese Seele vermittelt uns die wichtigsten Erlebnisse, sei es Glück, sei es Leid oder Konflikt. Diese Seele fühlt sich verbunden mit dem All und sprengt den kleinkarierten Alltag mit Gedanken über die Sterblichkeit, über die Unendlichkeit von Raum und Zeit. Ist Gott heute tot? Weniger gefragt ganz bestimmt.

Ein Urtrieb der Religionen ist Angst. Wohlstand und Entfernung von der Natur haben die großen Lebensfragen in den Hintergrund gedrängt. Ein unheimlich anwachsendes Potential an Informationen über Fakten beschäftigt unser Gehirn, belastet uns mit ununterbrochenen Anforderungen zur Entscheidung, raubt uns Lebenszeit. Diese Belastung verdient natürlich ebenso die Bezeichnung „embarras de richesse": Wir sind reich an Wahlmöglichkeiten, frei für Entscheidungen und haben unendlich mehr Macht, unser Leben zu gestalten als Menschen früherer Jahrhunderte. Wir sind ungeheuer erfolgreich beschäftigt mit Suche nach Wissen und Wahrheiten. Wenn Sokrates (469 – 399) einst sagte: „Ich weiss, dass ich nichts weiss" oder Nikolaus Cusanus (1401 – 1464) von der „Docta

ignorantia", dem Wissen vom Nichtwissen sprach, so
würde ein heutiger Wissenschaftler wohl sagen: „Ich weiss
vieles **noch** nicht!" Der Unterschied besteht im Objekt der
Frage. Cusanus bezieht sich auf die „räumlich-zeitliche
Unendlichkeit, die von uns nicht zu erfassen ist", Sokrates
wohl ebenso. Heutige Fragen betreffen unsere materielle
Welt: Die Beschaffenheit von Pflanzen, Tieren, Steinen,
Meeren und unseres Körpers mit den entsprechend vorge-
fundenen physikalischen Gesetzen.

Wir haben uns eine Macht über unsere Umgebung
erworben, die zunehmend die Hoffnung steigert, dass wir
uns eine bessere Welt erschaffen könnten – bis hin zu
selektierten menschlichen Geschöpfen. Wenn in diesem
Zusammenhang von „Menschenwürde" die Rede ist,
klingt das einerseits wie eine Erinnerung an „Ehrfurcht",
andererseits wie menschliche Arroganz.

Die Konfrontation mit den Fundamentalisten des Islam
erzeugt in uns gleichzeitig ein Gefühl von Überlegenheit,
von überwundener Vergangenheit, wie ein Unterlegen-
heitsgefühl dieser geballten Kraft gegenüber. Die Utopie
der Muslims, göttlichen Auftrag zu kennen, moralisiert
ihre eigenen inneren Spannungen! Sucht nach Macht und
Gewalt, Narzissmus, Masochismus können ausgelebt werden bis in den Tod. Zweifel weichen vermeintlichem
Gehorsam. Wir Europäer sind fassungslos, ohne entsprechende kraftvolle innere Haltung. Wir leben mit dem
Bewusstsein, dass wir nicht real erfassen können, wie ein
Gott beschaffen ist, dass jeder nur seinen kleinen Anteil an
Wahrheit wahrnehmen kann.

Wilhelm Dilthey (1833 – 1911) sagt dazu: „Alle Weltanschauung gründet zuletzt im Leben selbst und in Lebens-
Stimmungen und entwickelt sich unter jeweils sehr ver-

schiedenen objektiven und subjektiven Bedingungen. Dies
bewirkt die Mannigfaltigkeit der Weltanschauungen. Jede
Weltanschauung drückt einen Einzelaspekt des Univer-
sums aus; eine jede ist wahr, aber partikular und relativ „.

Wo wir mit ehrlicher Unsicherheit und Unwissenheit
beladen sind, folgt der gläubige Muslim naiv Allahs Willen.
Wir Heutigen im Abendland mit intellektuellem Überblick
auf Geschichte, wir wissen, welch Elend dieser Gehorsam
der Welt beschieden hat und noch heute in Religionskrie-
gen verursacht. Es fällt uns auch schwer, einen Kampf auf
Erden zwischen verschiedenen Göttern, bzw. Gottes-Vor-
stellungen zu begreifen.

Im Gegenüber zu emotional aufgeladenen „Gottes-
Kämpfern" wird aber offenbar, dass wir nicht nur eine
Utopie verloren haben, einen personifizierten Gott, son-
dern dass wir den Bezug über unser irdisches Leben hinaus
vernachlässigt, ja verdrängt haben. Die Entwicklung zum
Positivismus, der jedwede nicht praktisch verifizierbare
Frage ablehnt, wurde m. E. verstärkt durch die Phase der
diktatorischen „Diesseits-Religionen", den Marxismus,
National-Sozialismus und Faschismus. Sie appellierten wie
die Kirchen an Ethik, Idealismus, Narzissmus und eine
eigene Form von Metaphysik. Ihre Propaganda schien edle
Gefühle zu wecken (wenn auch gleichzeitig primitive
Instinkte). Der „Führer" trat auf als Sohn der „Vorse-
hung", und die Volksgenossen durften so wenig zweifeln
wie gläubige Christen. Es galt wieder zu gehorchen, dies-
mal für ein überschaubares Ziel, für Glück und Gerechtigkeit bei den Nachkommen. Kultische Handlungen, wieder
in der Gemeinschaft - wie früher in der Gemeinde -,
bewirkten transzendentale innere Erlebnisse. Nach der
Katastrophe waren die so Getäuschten und Sich-Täu-

schenden Verbrecher! Wie sollten sie ihren Gefühlen noch trauen? Eine solche totale Verunsicherung hat es in diesem Ausmaß wohl selten gegeben!

Es ist deshalb „psycho – logisch", dass sich nach dem 2. Weltkrieg eine neue Kultur für Geist und Seele nicht durchsetzen konnte. Erst jetzt, da die Zeitzeugen zur sterbenden Generation geworden sind, kann etwas darüber geredet werden, wieviel Irrtum, wieviel Unfreiheit in der Diktatur herrschte, dass es nicht plötzlich nur noch Teufel gab, dass auch manch gute Tat, oft unter Lebensgefahr, stattgefunden hat. Ein Aufarbeiten dieser Erlebnisse mit Verständnis, ohne Beschönigung, auch ohne unqualifizierte Gehässigkeit, ist m. E. unbedingt notwendig, damit verhindert werden kann, dass eine (augenblicklich gleichgültige) Generation wieder wie damals (als sie verbittert war) einem „passenden" Rattenfänger in die Arme läuft.

Verständnis für die Generation der Täter ist das wichtigste Agens gegen Antisemitismus! Marxismus wollte die Welt verbessern, den Schöpfer korrigieren. Christentum bemühte sich, den Menschen zu verbessern, ein Geschöpf Gottes.
Heutiger Materialismus meint, naturwissenschaftlich das Leben neu erschaffen zu können. Hoffart war der Traum von Gottes Ebenbildlichkeit, Hoffart die Utopie einer gerechten Welt, Hoffart ist heute die Gefahr des „Zauberlehrlings", der seine Beschränktheit vergisst.

Unser bewundernswerter Rationalismus kann bzw. muss die Grenzen ausloten, wo wir nur noch ahnen, nicht mehr handeln dürfen. Berühmte Forscher haben das geäußert. Können wir Ewigkeit rational erfassen oder Weltuntergang? Bleibt ein Neugeborenes nicht ein Wunder, auch wenn ich seine Gene kenne, ebenso Liebe, auch wenn es

Hormone gibt? Das Wunder der Schöpfung als Ganzes können wir fühlen, mit Albert Schweitzer „als Ehrfurcht vor dem Leben", mit Horkheimer „als Sehnsucht nach einem Gott." Als „Raison du coeur", wie Pascal . Als nicht-wissenschaftlich beweisbare „Tatsache" besitzt jeder Einzelne „seinen" Gott – „wahr, aber partikular", wie Dilthey sich ausdrückt. Damit gibt es wieder eine persönliche Beziehung, die das Christentum mit der Vater-Vorstellung jedem „Gotteskind" als lebendigen Mythos vermittelt hat. Können wir ohne sinnliche Vorstellung gläubig sein? Moderne Kunst ist diesen Weg gegangen: Gefühl ohne Gegenständlichkeit, das hieße hier: Gott ohne Personifizierung oder Gott als persönliche Vorstellung. Wir befinden uns vielleicht in der letzten Phase einer Entwicklung der Entpersonifizierung von Animismus über Polytheismus und Monotheismus zum eigenen Gefühl „schlechthinniger Abhängigkeit", bereit, auch das aushalten zu wollen, was uns nicht gefällt, und was wir nicht verstehen. Gott bleibt – auch wenn wir ihn nicht sehen !

Bejahter Dualismus

Tausende wurden im September 2001 in New York geopfert, „um einem Gott zu helfen, die Welt zu verbessern". Kreuzzüge und Inquisition werden assoziiert, aber einer überwundenen Vergangenheit zugeordnet. Können wir eine Welt akzeptieren, die so viel Grausamkeit zulässt? Alle Kriege waren grausam, alle ethnischen Vertreibungen, alle Straf- und Konzentrationslager. Bei Notwehr sind wir bereit, Gewalt zu verstehen, dagegen heute kaum noch für nationale Ehre, wofür unsere Väter und Großväter sich noch verpflichtet fühlten.

Kriege waren und sind fast immer ideologisch bedingt, sehr häufig religiös. Wer zum höchsten Opfer bereit ist, dem des eigenen Lebens und der schlimmsten Sünde, der des Tötens, der ist nicht einverstanden mit der Welt, wie sie ist, er will sie grundsätzlich verändern.

Auch Jahre des Friedens, des Wohlstands, einer sich entwickelnden Fun-Gesellschaft, waren erfüllt von Klagen, Anschuldigungen, moralischer Empörung. Selbst in dieser angenehmen Alltagswelt ertönen ununterbrochen die Fanfaren der Enttäuschung über eine Welt, so, wie sie ist. Es wurden beklagt die Verschmutzung der Umwelt, so, wie früher die Verschmutzung des Menschen durch Erbsünde. Es wurde schuldig gesprochen jetzt „die Gesellschaft" , wie früher die Sexualität. Nein, zufrieden waren wir nie, schon immer wagten wir, Gottes Schöpfung zu kritisieren.

Wie war es in uralten Zeiten? Man lebte in archaischer Zeit unter Strapazen und eingeschränkt, gefangen in einem Minimum an Erfahrbarkeit und Wissen. Die Umwelt war nicht erfüllt von chemischen Substanzen, Molekülen, Elementen, Atomen, sondern von Geistern, Halbgöttern und Göttern. Eigenes Empfinden wurde projiziert in die undurchschaubare Natur. In unheimlich Bedrohendem sah man böse Geister, in friedlichem Erleben Feen und Elfen. Die Geister wurden möglichst raffiniert behandelt mit Riten, um sie zu besänftigen. Es war ein Zustand der Abhängigkeit, aber auch der Teilhaftigkeit, ähnlich dem eines Kindes in einer großen Familie. Nicht Gut und Böse regierten die Welt, sondern eine belebte personifizierte Natur (Animismus). Überall walteten Willenskräfte, Geister, Seelen – in Tieren, Pflanzen und schlafenden Steinen. Diese Symbiose mit der Umwelt, die „Partizipatio", das „loi de Participation" (Levy Brühl, Ethnologe), erinnert ontogenetisch an die orale Phase des Säuglings. „Während dieser Wesensgemeinschaft führt der Gegensatz zwischen dem Einen und dem Vielen nicht notwendigerweise dazu, den einen der beiden Begriffe zu bejahen, wenn man den anderen verneint, oder umgekehrt. Der Gegensatz ist von zweitrangigem Interesse", sagt Levy Brühl. Die Akzeptanz der Welt wird naiv erlebt, aber mit allen Fasern des Fühlens und Ahnens, ganz ohne Verantwortung und Schuld. „Die Vorstellung der Primitiven ist nicht alogisch und nicht antilogisch, sondern prälogisch", sagt Levy Brühl. Der Primitive arbeitet nicht mit Begriffen, sondern mit motorischen und emotionalen Antennen. Es findet eine momentane Einordnung statt in das Bestehende, verbunden mit instinktiven Reaktionen wie Flucht und Verlockung.

Der Horizont des archaischen Menschen endete an den Grenzen seines Stammes – im Stammesältesten besaß er seinen eigenen Stammesgott. Allmählich wurde seine Weltansicht erweitert durch zunehmende Erkenntnisse der Natur, ihrer Gesetze und durch die Berührung mit benachbarten Völkern. Die Umwelt wurde besser durchschaut und beherrscht und damit weniger magisch besetzt. Es entwickelte sich nun die Vorstellung einer Götterwelt, nicht mehr neben den Menschen, sondern im Himmel, abgehoben über ihnen. Hierhin projizierte man Herrscher, die dem eigenen Wesen sehr ähnlich waren, die aber die unsichtbare Abhängigkeit verkörperten, die im eigenen Leben empfunden wurde. Früher waren Religionen und weltliche Politik in einer Hand beim Stammesfürsten, jetzt vermutete man im Götterhimmel Herrscher auch über andere Stämme.

Die Angst vor der Natur verringerte sich durch Fähigkeiten sich zu schützen, zu gezielter Furcht. Es blieb aber die allgemeine menschliche große Unsicherheit; sie wurde verlagert in die undurchschaubare Welt des Jenseits. Dort erlebte man spekulativ das eigene menschliche Dasein in einem heroischen Spiegel. Götter liebten und bekämpften sich und griffen unvorhersehbar in menschliches Leben ein. Sie waren die Herrscher, vor deren Willkür niemand sicher war.

Als man erfuhr, dass andere Völker andere Götter im Himmel verehrten, entstand das Bedürfnis nach einem allmächtigen Herrscher im Hintergrund. In der griechischen Mythologie können wir dieses vorübergehende Nebeneinander von Vielgötterei vor den Augen des „Einen" nacherleben.

Die Sehnsucht der Menschen nach Einheit, nach Kausalität und damit nach Geborgenheit, sei es unter einem strengen Regiment, sei es bei einem gütigen Vater, führte zur Entstehung der monotheistischen Religion: Judentum, Islam und Christentum. Alle Wunder dieser Welt fanden ihren Ursprung in dem „Einen", alle Hoffnungen konzentrierten sich in ihm. Das Unbehagen in der Welt fand in den ersten Jahren des Christentums Erklärung dadurch, dass gläubige Christen von Ungläubigen bekämpft wurden. Die für die Gottesbotschaft leidenden (nicht-aggressiven) Märtyrer lebten in der Überzeugung, dass eine vollständig missionierte Welt ein Reich Gottes auf Erden entstehen lassen würde. Erst später, als das Unbehagen auch bei Christen untereinander, nicht mehr nur im Gegensatz zu den Ungläubigen, sichtbar wurde, entstand der Zwang zu einer Rechtfertigung Gottes, zu einer Erklärung der empfundenen Insuffizienz seines Werkes und seines Regierens. Nur die Figur eines Gegenspielers konnte das Idol eines Allmächtigen entlasten. Im Christentum war es der Teufel, der Belzebub, der gefallene Engel.

Der Dualismus zwischen der Macht des Guten und der Macht des Bösen war geboren. Nun gab es eine „Civitas dei" und eine „Civitas diaboli" (Augustinus). Einflüsse des Manichäismus, einer dualistisch-gnostischen Religion aus dem Mittelmeerraum (babylonisch-chaldäisch-iranisch-jüdisch) verstärkten in der christlichen Lehre die feindlichen Gegensätze von Licht und Finsternis, von Seele und Leib, von Idee und Materie als unversöhnliche Prinzipien. Es blieb als einzige Hoffnung der Kampf für das Gute durch Vernichtung des Bösen; das bedeutete lange Jahrhunderte Kampf gegen den eigenen Körper, gegen Ketzer, Hexen usw. Durch ein geistig kultisches Leben mit asketischem Verzicht sollte der im Körper gefangenen Seele im Moment des Todes eine Heimkehr ins Reich des Lichtes ermöglicht werden. Der von Natur ambivalente Mensch **über**schätzte einerseits seine Gottesebenbildlichkeit und **unter**schätzte seine angeborene Insuffizienz, die mit dem Begriff „Erbsünde" erklärt wurde.

Die Potenz „Das Böse" mit seinem Reich der Hölle, seiner Emanation in unsere Seelen, war der Niederschlag, die

Projektion eigener Befürchtungen, Konflikte, erlebten Hasses. Seine Bekämpfung idealisierte persönliche Wut; Bußübungen besänftigten schlechtes Gewissen. Die Vorstellung bzw. der Glaube an „das Böse" beinhaltet aber auch die Sehnsucht nach einem unbefleckten Bild Gottes. Es fällt uns Menschen schwer, alles was wir er- und miterleben müssen, gut zu heißen. Wir sind befangen in einer ständigen Kritik an der Schöpfung. Unsere Sehnsucht nach einem gütigen Gott kann rational nur erhalten bleiben, wenn seine Allmacht beschädigt ist, z. B. durch einen gefallenen Engel.

Diese Sicht einer großen Auseinandersetzung zwischen „Gut" und „Böse", Gott und Teufel, hat die Menschheit aktiviert, Gott beizustehen mit dem Ziel eines Reiches ewigen Friedens auf Erden, einem Ideal, das wir aus den Darstellungen des Paradieses kennen. Die Kunst des Mittelalters besteht in einer ununterbrochenen Bebilderung und Erzählung dieses Problems in verschiedenen Situationen und Symbolen.

„Ich weiß, dass ohne mich Gott ein Nu kann leben, werd' ich zunicht', er muss vor Not den Geist aufgeben!" sagt Angelus Silesius (1624 – 1677).

So wichtig durfte der Mensch sich nehmen, so teilhaftig mit Gott!

Forderung eines friedlich sozialen Verhaltens, gute Sitten, Kreativität waren ebenso Folgen dieser Einstellung wie Kreuzzüge, Hexen- und Ketzerverfolgung, Exorzismus.

Die bleibende Unruhe, der tiefste Urgrund aller Aktivitäten war, wie Kant sich ausdrückt: „Das unhintertreibliche Bedürfnis des Menschen nach Antwort auf die Fragen nach den Problemen des Lebens". Als Antwort wurde angestrebt das Erkennen „**der** Wahrheit", d. h. der göttlichen Gesetze dieser Welt. Die Antwort sollte einheitlich sein für uns Alle, sollte das Miesliche begründen, von Ängsten erlösen, wie es der Engel verkündet hatte: „Fürchtet Euch nicht!"

Das christliche Mittelalter war besonders zu Zeiten der Scholastik bestimmt von dieser spekulativen Suche nach der Wahrheit Gottes. Glaube war das Äquivalent der Erkenntnis: „Credo, ut intelligam", das Motto der Franziskaner, „Credo, quiad absurdum" das der Dominikaner. Man hielt sich an Bibel und gnostische Erlebnisse Einzelner. Decartes (1596 – 1650), Naturwissenschaftler und Begründer des Rationalismus, überforderte – aus heutiger Sicht – sein „Cogito, ergo sum", indem er es als Beweismittel für die Existenz Gottes benutzte. „Das Auftreten der Idee Gott sei ein Beweis für das Dasein Gottes". – „Nur Gott selbst kann uns die Idee des Unendlichen eingepflanzt haben, also existiert Gott!"

Auch Kant (1724 – 1804), Begründer des Kritizismus mit seiner Forderung einer Erkenntnistheorie durch Erfahrung, setzt die Existenz Gottes als notwendigen Endpunkt allen Denkens als selbstverständlich voraus: „Gott ist das Dasein desjenigen, was aller Möglichkeit zugrunde liegen muss!"

So rein spekulativ konnte er sich noch ausdrücken, obwohl gerade er die Empirie der Sinne gegen die „theologische Scheinwissenschaft" verteidigte, den Körper nicht mehr als Feind, sondern als wichtigsten Helfer beim Erforschen unserer Umwelt bezeichnete.

Ganz allmählich entwickelte sich aus dem rein spekulativen emotionalen abstrakten Denken das empirische induktive rationale Denken. Damit fand eine Verschiebung der Aufmerksamkeit vom Schöp**fer** auf die Schöpf**ung** statt.

„Deus sive natura", sagte Spinoza (1632 – 1677) im 17. Jahrhundert; eine beseelte Natur verehrten Pantheisten mit ihrer „All-Gott-Lehre" und Panentheisten mit ihrer „All-in-Gott-Lehre". Der Riss zwischen Glaube und Vernunft, der sich in der Aufklärung (17./18. Jahrhundert) durch Säkularisierung der religiösen Sphäre auftat, fand einen Ausgleich durch Sakralisierung der Natur. Diese Aufwertung von Materie, von Körper, den Sinnen, bewirkt eine Geborgenheit in sich selbst, eine Zugehörigkeit in der Mitte des Kosmos. „Offenbarung des Höchsten" ist Natur für Goethe (1749 – 1822), „ein Eingebundensein in die Welt als einer Erscheinungsweise Gottes, einer relativen Einheit des Idealen und Realen unter der Form des Gegensatzes" für Schleiermacher.

Eine uralte Sehnsucht nach Einheit, nach Überbrückung oder Sinngebung der beobachteten Gegensätze, ein Bedürfnis nach Identifikation mit dem Dasein ist schon in der Antike angesprochen.

Weltvernunft, Weltgesetz, Weltseele, Hauch, das Unerfahrbare sind ähnliche Begriffe wie „die Kraft im Ganzen der Welt" oder die Weltseele der Stoa und der Romantiker.

Giardano Bruno wurde im 16. Jahrhundert auf dem Scheiterhaufen verbrannt, weil er verkündete „Gott sei als All, als Universum, das, was ewig von inneren Kräften bewegt, in seiner Substanz unveränderlich bleibt."

Nikolaus Cusanus (1401 – 1464) spricht vom Zusammenfallen der Gegensätze (Coincidentia oppositorum) und von der räumlich-zeitlichen Unendlichkeit, von uns nicht zu erfassen („Docta ignorantia"), das Wissen vom Nichtwissen.

„Für jedwedes Streben gibt es keine endliche Befriedigung", klagt Schopenhauer (1788 – 1860). „Apollinischdionysisch", ewiger Gegensatz von Form und Ordnung einerseits und rauschhaftem Schöpferdrang andererseits, hat Schelling (1775 – 1854), Hegel (1770 – 1831) und Nietzsche (1844 – 1900) bewegt.

Dynamik als Gesetz des Lebens, in der Metaphysik wie im Bereich der Materie als Physik, verkündet der bejahende Dualismus, belebende Spannung, wenn auch oft anstrengend und gefährlich.

Der „feindliche Dualismus" sah im Menschen ein Schlachtfeld für den Kampf zwischen Gut und Böse, in jedem dieser Geschöpfe Gottes eine Arena für die Auseinandersetzung zwischen Gottesebenbildlichkeit und Erbsünde. Der moderne Mensch erkennt eben diese Spannung auch, aber mit anderen Augen: Spannung ist oberstes Naturgesetz: Hunger treibt uns zur Erhaltung unserer Substanz, Libido zur Fortpflanzung – „Alles Geschehen in der Natur basiert auf der Wechselwirkung von Bewegungen und Körpern und alle Erkenntnis auf der Berechnung dieser Bewegungen" sagt schon Thomas Hobbes (1588 – 1679). Lehnen wir dieses Gesetz vom ewigen Fliehen und Suchen, Trennen und Vereinen der Schöpfung ab, so vernichten wir Vitalität oder produzieren aggressive ungewollte schädigende Entladungen.

So, wie wir wissen, dass Magnetismus, ebenso wie elektrischer Strom unsichtbar zwischen zwei Polen fließen, dass überall in der Natur, einschließlich unserer Körper, die Gesetzte eines Zusammenhanges von Aktio und Reaktio gelten, so erleben wir auch, dass unsere Lebensenergie unsichtbar, abhängig von der vorhandenen Spannung, von dem andauernden Wechsel von Unlust und Lust, von Kampf und Harmonie, Leid und Freude, Unruhe und Ruhe gespeist wird. Diese Bewegung, diese Spannung ist Lebenskraft („Wille" bei Schopenhauer, „Trieb" bei Freud), c'est la vie, Statik der Tod!

36

Zitat von Kant (aus: „Idee zu einer allgemeinen Geschichte") in weltbürgerlicher Absicht: „Es ist der Konflikt, der Antagonism menschlicher Anlagen in der Gesellschaft, ja die ungesellige Geselligkeit der Menschen, die die Quelle des Fortschritts bilden. Ohne Konflikt würden in einem arkadischen Schäferleben bei vollkommener Eintracht , Genügsamkeit und Wechselliebe alle Talente auf ewig in ihren Keimen verborgen bleiben; die Menschen, gutartig wie Schafe, die sie weiden, würden ihrem Dasein kaum einen größeren Wert verschaffen, als dieses ihr Hausvieh hat; sie würden das Leere der Schöpfung in Ansehung ihres Zwecks als vernünftige Natur nicht ausfüllen. Ohne sie würden alle vortrefflichen Naturanlagen in der Menschheit ewig unentwickelt schlummern. Der Mensch will Eintracht, aber die Natur weiß es besser, was für seine Gattung gut ist: Sie will Zwietracht!"

Destruktiver Optimismus

Nullbock, Umweltverschmutzung, kommunistische und kapitalistische Grausamkeit, Krankheit, Armut, Schuld - - -, die Menschen sind unzufrieden, - - - waren es immer!

Sie waren von jeher mit der Welt nicht einverstanden. Sie suchten nach Erklärungen und Verbesserungsmöglichkeiten. Die Philosophen der Antike setzten große Hoffnung in eine ideale Staatsform, innerhalb der die Bürger – man nahm die Menschen so, wie sie nun einmal sind, - effektiv, nach Kategorien eingeteilt, mit entsprechenden Aufgaben bedacht wurden. Im christlichen Mittelalter war man beseelt vom „Kampf gegen das Böse". Der Teufel war wohl noch das letzte Relikt der personifizierten Umwelt. Im Kampf mit eigenen Triebansprüchen verursachte das Versagen unerträgliche Schuldgefühle und entsprechendes Strafbedürfnis. Selbstkasteiung und Exorzismus sollten das sogenannte Böse vernichten und damit Gott helfen. Diese – demütig erlebte – Arroganz hat aber auch viele Menschen getröstet: Ertragenes Leid verminderte im Sinn von Buße das Schuldkonto beim Jüngsten Gericht. Leid wurde heroisiert durch das Vorbild des Gekreuzigten. Unsere großen Grundfragen bekamen Antwort: Man glaubte zu wissen, warum und wozu wir leben, man glaubte, das Wohin zu kennen.

Diese (aus heutiger Sicht) Selbstüberschätzung der Menschen beseelte nicht nur Religion und Kirche, sondern auch die (theologisch dominierte) Philosophie des Mittelalters. Man glaubte erreichen zu können durch intensiven Blick in das eigene (gottnahe) Innere, **die große** allgemeingültige Wahrheit erkennen zu können. Dann wäre man befähigt, die Welt sozusagen von oben mit dem Auge Gottes zu betrachten. Diesen Weg hatte schon Plato beschritten mit seiner Lehre der Wiedererinnerung vorgeburtlicher Ideen, die sich in unserer Umwelt „zu Begriffen konstituierten".

Diesen Weg gingen die Mystiker in ekstatischen Erleuchtungs- und Offenbarungserlebnissen. Noch Descartes und Kant sahen in der „Idee Gott", seiner Denkbarkeit, den Beweis für sein Dasein.

Unsere Zeit ist gekennzeichnet von einem ungeheuren Auftrieb im Ergründen unserer Welt und im Selber-Schaffen. „Wir gucken dem Schöpfer in die Karten", machen ihm vieles nach, benutzen die erkannten Gesetze und produzieren Neues.

Auch Ikarus hatte die Gesetze des Fliegens studiert und die Flügel der Vögel nachgebaut – er erlag dem berauschenden Sog zur Sonne – wir auch ?

Die faustische Sehnsucht betrachten wir als eine Auszeichnung (vor Tieren und primitiven Menschen). Gleichwohl wird diese Neugier – man könnte auch sagen „dieser Bildungshunger", dieser Drang, die weite Welt mit allen Fasern zu erleben - sowohl in Goethes Faust als auch bei Ikarus und im Sündenfall der Bibel als strafwürdiger Ungehorsam angesehen.

Alle diese Personifikationen einer (persönlich meist eher göttlich empfundenen) Sehnsucht stellen Menschen dar, die sich überschätzt haben. Faust meinte, in Mephisto einen ihm unterlegenen Diener zu haben, er überschätzte sich und unterschätzte das Teuflische. Adam und Eva wollten nicht blind gehorchen, sie versuchten den Apfel und verfielen dem Trieb. Ikarus beschränkte sich nicht auf das für ihn Überschaubare, sondern fühlte sich dem Zentrum des Lebens, der Sonne, dem Schöpfer zugehörig. Auch in Goethes „Zauberlehrling" übersieht der Lehrling die vom Meister beachteten Grenzen.

Sind wir heute Zauberlehrling, Ikarus, Faust oder Adam?

Hitler hat diese menschliche Sehnsucht nach Bedeutung instinktiv erkannt und – benutzt! Er verführte nicht nur Opportunisten und Geschädigte, sondern auch Idealisten. Er bot dem sich selbst liebenden, menschenfliehenden Narzissten (Ikarus) die metaphysische Verlockung, Held sein zu können, - dem tüchtigen Techniker (Zauberlehrling) großzügige Arbeitsmöglichkeiten, - dem unwissenden Kleinbürger einen erweiterten Anteil an Lebensgenuss (Adam), - dem engagierten Forscher (Faust) das konfliktfreie Selbstbewusstsein, „im Namen des Führers" für eine gute Sache unbegrenzt experimentieren zu dürfen. Und alle diese beflügelnden Regungen der Seele waren moralisiert durch die „heilige" Solidarität des Volkes, durch Liebe zum Volksgenossen, zum Vaterland! Das Vokabular konnte entlehnt werden einerseits aus der deutschen Geschichte, andererseits aus dem Sozialismus der Gegenwart. Die Entmachtung der Religion hatte eine Lücke hinterlassen. Hatten früher Priester, Bibel, Kirche – also sozusagen Gott – entschieden, was gut sei, so donnerte es jetzt die Stimme des Führers von der Tribüne.

Einen weiteren Versuch unserer Zeit, das Leben sinnvoller zu gestalten, haben wir im Kommunismus erlebt: Vorgefundene Ungerechtigkeit sollte vernichtet werden, damit eine bessere, glücklichere Gesellschaft Platz finden könne; das Ergebnis haben wir erlebt: Kein Effekt, aber viel Leid!

40

Ähnliche Träume verkünden heute manche Gentechniker, die nicht nur Krankheiten vermeiden, sondern sogar ein besseres Menschen-Material herstellen wollen.

Juden warten noch heute auf den Messias, Christen beten noch heute für „das Reich Gottes auf Erden".

Wilhelm II. versprach naiv: „Ich führe Euch herrlichen Zeiten entgegen", Hitler das Gleiche mit den Worten: „Gebt mir vier Jahre Zeit!"

All diese Versprechungen, wohl meist nicht böse gemeint, all diese Visionen finden Gläubige, verschaffen dem jeweiligen Propheten Jünger und enden in bitterbösen Enttäuschungen und Katastrophen. Bei Zielsetzungen im Diesseits wird Irrtum offenbar, bei Erwartung im Jenseits kann man weiter hoffen.

Kaum einem gläubigen Christen der Vergangenheit ist aufgefallen, dass jeder Verbesserungsvorschlag nur auf dem Boden von Kritik am Werk des Schöpfers entstehen kann. Ich möchte wagen, diese Arroganz, dieses Anspruchsdenken als die eigentliche Erbsünde zu bezeichnen. Es ist die Anmaßung dessen, der sich überheblich über die Schöpfung, über die Natur positioniert, als deren Mitglied er, ausgestattet und determiniert wie die Tierwelt, mit seinem Verstand, seiner Denk- und Dokumentationsfähigkeit einsehen müsste, dass bei aller naturwissenschaftlichen Erkenntnis das Wunder des Lebens unbegreifbar bleibt. Die Ungewissheit des Woher, Wohin, Wozu verleitet die Menschheit zu immer neuen Utopien (Belohnung im Jenseits, Licht-Euphorie der Aufklärung, Gemeinschaft Gleichgesinnter, Elitebewusstsein in Sekten, Menschenzüchtung der Gentechnologie usw.). Höchste Lebensbewältigung scheint zu sein, „das Unerforschliche ruhig zu

bewahren", und dort fühlend zu ahnen, wo Ratio uns verlässt!

Zitat von Albert Schweitzer: „Die Geschichte der
abendländischen Philosophie ist die Geschichte
des Kampfes um die optimistische Weltanschauung".

Wissen und Ge – wissen

Welche Mutter würde heute wagen, ihrem Kind einen Apfel zu verbieten – ohne Erklärung! Von Adam und Eva wurde dieser blinde Gehorsam verlangt! Heute noch lebende 80- bis 100-Jährige können sich an eine Erziehung zu solch striktem Gehorsam entsinnen. Aus Geschichtsbüchern haben wir gelernt, dass Untertanen so in Unselbständigkeit gehalten wurden, dass sie nicht selber entscheiden durften, zu welcher Kirche sie sich bekennen wollten; sie mussten den Glauben des jeweiligen Fürsten annehmen und dadurch die Konfession evtl. mehrmals wechseln. Christentum verlangte auch Gehorsam weltlichen Herrschern gegenüber („von Gott eingesetzte Obrigkeiten", sagt Paulus). Kriege waren Schicksal wie Naturkatastrophen. Der Bürger wurde entmündigt, d. h. unwissend gehalten und als solcher behandelt. Aufkommender Zweifel war Sünde, er wurde durch Verweigerung von Wissen minimiert. Da im Mittelalter nur eine dünne Schicht lesen konnte, war die Mehrheit der Menschen auf die Worte der Priester angewiesen. Bis in das letzte Jahrhundert war der katholischen Gemeinde das Lesen der Bibel nur in Auszügen erlaubt. Heute, in einer Demokratie mit weitgehend aufgehobenen Standesgrenzen, sind wir frei im Denken und Reden, ungebunden im Aneignen von Wissen. Blinder Gehorsam klingt nur noch an bei Schlagwörtern wie „Würde des Menschen", Grundgesetz oder bei der Überschätzung des menschlichen Gewissens. Eine Fülle von unterschiedlichen Meinungen springt uns aus unseren Zeitungen an, fordert uns auf, mitzuentscheiden zwischen Für und Wider, über die Wahl des kleineren Übels bei einem Mangel an Überschaubarkeit möglicher Folgen.

Und was sagt unser Gewissen? Gewissen bildet sich durch Erfahrung in der Kindheit. Man lernt und weiß allmählich, was Eltern und Lehrer gut, und was sie böse finden.

Da wir eine pluralistische Gesellschaft von unterschiedlichen Individualisten geworden sind, bilden wir unterschiedliche Ausformungen des jeweiligen Über-Ich aus, sowohl persönlich, als auch in Gruppen wie Völkern oder sozialen Schichten. Das Gewissen ist ein emotionaler Anteil von Wissen in uns, da es sich unbewusst auf der Schiene von Liebe und Strafe entwickelt. Es beeinflusst mehr oder weniger intensiv unser Handeln. Zu Zeiten des strikten Gehorsams gab es das Leiden an schlechtem Gewissen, an Schuldgefühlen für eigene Schwächen, aber seltener das Gewissen der falschen Entscheidung. Ist falsche Entscheidung Sünde? Oder nur Irrtum? Bei gravierenden Folgen kann falsche Entscheidung unerträglich werden. Darum ist Angst vor Verantwortung, eben vor der Bürde von Entscheidungen, so groß und wird gerne abgeschoben auf Institutionen oder die anonyme Gesellschaft. So wie Reichtum das Leben erweitert, aber auch belastet — er will verwaltet sein und dirigiert -, so ist der Zugang zu Wissen für Jedermann sowohl Bereicherung des Lebens als auch Belastung.

Höchstes Ziel des gläubigen Christen war, durch göttliche „Selektion“ zu den Auserwählten zu gehören, die an Gottes Gnade teilhaftig sind. Ethik war nicht eine Frage von Entscheidung mit Bedenken möglicher Folgen, sondern des Funktionierens einer göttlichen „Maschinerie“. Hier war nicht Wissen Bedingung, sondern Glaube.

44

Dieser Glaube sah in unserem Gewissen anteilige Göttlichkeit. Kardinal Ratzinger behauptet: „Der Mensch kann die Wahrheit Gottes auf dem Grund seines Geschöpfseins sehen. Sie nicht zu sehen ist Schuld!"

Das Gewissen bildet sich aber unterschiedlich, abhängig von den Einflüssen der Zeit seiner Entstehung. Wird ein Junge armer Eltern für Diebstahl gelobt, so wird er zwar Angst vor dem Erwischtwerden, vor der Polizei, entwickeln, aber kein moralisch schlechtes Gewissen.

Kleine Betrügereien sind im Orient Sport beim Handeln, bei uns verachtet. Meiner Meinung nach hat ein Rollenwechsel des Gewissens stattgefunden: Zu Zeiten der „vertikalen Ethik" konnte man den rechten Weg abfragen, denn Gewissen war identisch mit religiösem Wissen, es barg die große gemeinsame Wahrheit, nach der zu suchen alle christlichen Menschen vereint waren. Die Erkenntnis von Verschiedenartigkeit, von Individualismus, hat offenbar die Bedeutung des Gewissens vermindert, verflacht. Wir beziehen nicht mehr Wissen aus dem Gewissen, sondern das Gewissen bezieht sein „Manager-Wissen" aus dem Born von Wissen und Erfahrung der betreffenden Person. Globale Entscheidungen wie „Du darfst nicht!" sind heutzutage unzureichend. Die 10 Gebote der Bibel bleiben nützlicher Hintergrund, können aber bei fanatisch sturer Anwendung unendliches Leid und menschliche Ungerechtigkeit verursachen.

Seit Max Weber (1864 – 1920) sprechen wir von „Erfolgs- bzw. Verantwortungsethik" im Gegensatz zu „Gesinnungs-Ethik". Die alte Gehorsams-Ethik war Gesinnungs-Ethik mit dem Optimismus, dass der gläubige gute Mensch kaum anders könne als richtig denken und handeln. Die Verantwortungs-Ethik bezieht sich dagegen auf die Folgen der jeweiligen Entscheidung. Hier wird bewusstes Wissen notwendig: Über Situation und Struktur Betroffener, über deren mögliche Belastung, ebenso über die eigene Motivation. Freud hat uns gelehrt, wie sehr wir uns selbst betrügen können, wenn wir Triebstrukturen verdrängen, die dann unbemerkt unser Handeln bestimmen. Fast täglich können wir bei uns und anderen beobachten, wie schnell und blauäugig wir Wünsche rationalisieren und moralisieren. Ein harmloses Beispiel: **Er** verkündet, das Meer sei besser für die Gesundheit als das Gebirge, wohin **sie** fahren will. – Er möchte segeln. Aber er glaubt an sein Argument!

Wir leben heute innerlich anstrengender, weil wir andauernd kleine und große Entscheidungen realitätsgerecht treffen müssen und nicht wie eine Kompanie den Befehlen von Oberen folgen können, weil --- es eben keine „Oberen" mehr gibt; Standesgrenzen sind überwunden und Seinesgleichen betrachtet man mit größerer Skepsis.

Philosophie bemüht sich schon immer um das Wissen auf geistigem Gebiet, um die großen Fragen der Menschheit. Aus Kosmogonie und Kosmologie, dem „Woher", hat sich (den ionischen Naturphilosophen folgend) die naturwissenschaftliche Frage nach dem „Urknall" entwickelt, aus Astrologie die Astronomie, aus der personifizierten Natur die Fülle der Organismen. Das „Wie" wurde lange Jahrhunderte theologisch beantwortet mit dem Endziel des Jüngsten Gerichts. Das „Wozu" wurde bei Aristoteles ähnlich realistisch pragmatisch gesehen wie heute in der Sicht des sozialen Utilitarismus („Das größtmögliche Glück der größtmöglichen Zahl", Jeremias Bentham, 1748 – 1832). Seit Kant befasst man sich mit der Möglichkeit eigener Entscheidung, bei ihm noch mit der Auflage von

46

selbstgeschaffener Gesetzmäßigkeit, der formal gehorcht werden muss. Das allgemeine Wertbewusstsein, der Dualismus zwischen Gut und Böse, zwischen Gott und Teufel, kommt erst ins Wanken, seitdem das Böse im Menschen als Schwäche, als Mangel, als unschuldiges Schuldigwerden erkannt ist. Determiniert wie die Tierwelt, ist uns Menschen eine kleine Freiheit für Entscheidung im Handlungsspielraum gegeben. Freud schildert den Kampf zwischen Es, Umwelt und Über-Ich, der fortlaufend in uns stattfindet. In dieser Nomenklatur hat das Über-Ich den Platz des Gewissens. Das Über-Ich ist wie das Gewissen entstanden aus emotionaler Bindung an Bezugspersonen der Kindheit, darum leben hier bestimmende Gefühlskomponenten. Hier macht sich Gesinnung bemerkbar, die Prägung für die Spannung zwischen Sehnsucht und Grenze. Humanität unterscheidet menschliches Zusammenleben von dem nur auf Erhaltung der Art programmierten Tierverhalten: Wir erhalten und pflegen die Schwachen, Alten und Kranken. „Mitleid ist das Fundament der Moral, das Sich-Wiedererkennen in der fremden Erscheinung hat Gerechtigkeit und Mitleid zur Folge", sagt Schopenhauer; von der „ordo amoris" spricht Max Scheller, „und die Liebe ist die größte unter ihnen" (Glaube, Hoffnung, Liebe) predigt das Christentum.

Wir haben ein Gewissen, und wir haben eine Gesinnung, und wir haben ein Gespür für den „gestirnten Himmel über uns", aber nicht mehr als Diktat.

Gedanken über eine neue Ethik

Allgemeiner Überblick

Nachdem viele Jahrhunderte lang die Philosophen nach einer allgemein gültigen Wahrheit gesucht haben, ist man heute davon überzeugt, dass es diese Wahrheit nicht gibt, oder dass wir Menschen unfähig sind, sie zu erkennen bzw. zu erfassen. Allgemein Gültiges wurde im Mittelalter **geglaubt,** d. h. emotional in der Religion begriffen.

Seitdem unsere Ratio so vieles, was unsere Vorfahren als tabuisiertes Wunder erschien, durchschaut hat und nachvollziehen kann, muss die Grenze zwischen den Wünschen und Geboten im diesseitigen Leben und unseren Gefühlen für ein überirdisches Dasein neu gefunden werden.

Ich befasse mich mit Ethik, d. h. mit der Frage: „Wie hat der Mensch sich zu verhalten?" Aus dieser Frage ergeben sich zwei weitere Fragen: 1. „Was ist sein Lebensziel, was begreift er als Inhalt und Sinn seines Lebens?" und 2. „Wie **kann** er sich verhalten, wie groß ist seine Freiheit?"

Zur 1. Frage nach dem Sinn des Lebens:

In unserer pluralistischen Gesellschaft ist für verschiedene Personen Verschiedenes wichtig: sehr Religiöse wollen Gott wohlgefällig, also moralisch gut, Leiden bejahend einer Heimkehr nach dem Tod entgegenleben. Andere wollen mit dem Gefühl leben und sterben, Großes geleistet zu haben, zur Verbesserung der Welt beigetragen zu haben (Faust II, Idealisten wie Marxisten usw.). Wieder andere erstreben eine Glückseligkeit hienieden, man nennt das Eudämonismus, und noch Diesseitigere bescheiden sich mit leicht Erreichbarem, mit körperlichem Lustgewinn,

Befriedigung der Sinne; das nennen die Philosophen Hedonismus. Es leuchtet ein, dass bei so verschiedenen Weltanschauungen der Sittenkodex unterschiedlich sein muss.

Die 2. Frage befasst sich mit der Freiheit des Menschen, seinem Spielraum für seinen Willen bzw. seine Beschränkung. Hierzu gibt es wieder sehr unterschiedliche Ansichten: die einen sehen uns theologisch determiniert, also als Objekt von Prädestination, andere kosmologisch als unbedeutendes Teilstück der Ganzheit der Natur, wieder andere anthropologisch als höchstes Lebewesen mit seinen Besonderheiten.

All diese Gesichtspunkte haben von alters her die Philosophen beschäftigt. Ich möchte zunächst einmal zusammenstellen, was davon für uns Menschen **gemeinsam** gilt: In der Frage nach der Erfüllung des Lebens gibt es wohl kaum jemand, der sich nicht **auch** Glücklichsein und Lustgewinn wünscht. Selbst in früheren Zeiten waren es nur wenige Strenggläubige wie Pietisten, Calvinisten, die irdisches Glück als Schuld empfanden.

In der Frage nach unserer Freiheit empfinden wir heute die drei Definitionen (theologisch, kosmologisch, anthropologisch) nicht als Gegensätze, sie alle können wir nebeneinander als zutreffend rational bejahen.

Unsere Hauptfrage bleibt, was unter Anerkennung der Determinierungen **möglich** ist. Unsere Zeit neigt dazu, in erleichterndem Optimismus die Macht des Menschen zu überschätzen und dadurch immer von neuem enttäuscht zu werden. Ich - ganz subjektiv – glaube, dass wir an einer entscheidenden Wende der Verantwortlichkeit angekommen sind. Der Monotheismus des Christentums hat eine einzige göttliche Wahrheit einer Menschheit gegenüber gesehen, die Gleichheit besitzt und darum brüderlich sein kann. Jedes Abweichen von der geforderten Norm war Sünde und darum straf- oder gnadenbedürftig.

Das vorige Jahrhundert war das Jahrhundert der Analysen: Feste, flüssige und gasförmige Stoffe wurden in ihren kleinsten Bestandteilen, in Molekülen und Atomen sichtbar; der menschliche Körper konnte in verschiedenen Zellen aufgelistet werden bis hin zu den Genen. Und auch die Seele wurde analysiert in ihre gegebenen Bestandteile. Man erfuhr, dass in jedem Menschen Licht und Schatten gepaart sind; man entdeckte, wie verschieden Menschen strukturiert sind, so dass man nicht Gleiches erwarten kann, so dass Charakter einer Begabung gleichzusetzen ist. So wie niemand von einem Unmusikalischen gutes Geigenspiel erwarten würde, so sollte man z. B. von einem (vielleicht charmant musischen) spontanen Menschen nicht penible Ordnungsliebe erwarten.

Es bleibt aber der berechtigte Anspruch der Tugenden, die sich immerhin allgemeiner Anerkennung erfreuen, berücksichtigt zu werden. Darum fühlt sich mein oben genannter Hysteriker schuldig, wenn er sich mit dem peniblen Zwanghaften vergleicht. Dieses Schuldgefühl , einem Ideal nicht genügen zu können, bzw. im täglichen Leben sich und andere zu behindern, hat dazu geführt, dass z. B. unendlich viele Selbstbiographien geschrieben werden – wohl sehr oft aus einem meist unbewussten Rechtfertigungsbedürfnis -, dass in der Literatur die Selbstreflexion, also der Dialog mit sich selbst, in den Mittelpunkt gerückt ist, - dass man bei den Handlungen auf der Bühne sehr oft erfährt, wie abweichend der Betreffende denkt.

Die Psychoanalyse als Therapie wollte und will dem Menschen die Schuldgefühle für sein So-Sein nehmen:

„Herr, vergib ihnen, denn sie wissen nicht, was sie tun!“ Das Zulassen des Unbewussten und das Erinnern, die biographische Anamnese, lehren den Patienten, sich zu verstehen ohne Bewertung. Er wird im Idealfall auch andere Menschen ohne Wertung verstehen, die anders geworden und strukturiert sind.

Aus einer anderen Sicht kann man sagen, zu den von den Philosophen genannten Determinanten ist eine neue hinzugekommen: Die Person selbst.

Es ist eine, lange Zeit bezweifelte, Tatsache , dass Erbteil und frühkindliche Prägung nicht zu verändern sind. Es bleibt die Mühe, den Umgang mit sich selbst zu erlernen. Die eigene Strukturierung mit ihren Licht- und Schattenseiten sollte Teil jeder Entscheidung sein. Nur wenn ich mich kenne und annehme, kann ich verhindern, dass triebhaftes Machtstreben zu Fanatismus verkommt, angestaute Aggression zu Mord, zu Krieg usw.

Selbsterkenntnis sollte heute erleichtert sein, weil bei naturwissenschaftlicher Betrachtung sich kein Mensch mehr schämen oder schuldig fühlen müsste, weil er ist, wie er ist; er ist ein Geschöpf Gottes. Aber anders als die Tierwelt hat der Mensch einen kleinen Freiraum, seine Handlungen zu bestimmen, er kann nicht **alles wählen,** aber doch Entscheidungen für seine Handlungen treffen. Wo das Tier, sicher in seinen Instinkten geborgen, aber auch gefangen, das Leben abhängig von der Umgebung besteht, ist der Mensch auf rationale Entscheidungen angewiesen, die **auch** von der Umgebung bestimmt werden, aber darüber hinaus durch Planen, Denken, fernliegende Ziele und eben eigene - oft unbewusste - Ängste und Sehnsüchte beeinflusst sind. Das Mehr an Freiheit durch technische Fortschritte, vermehrtes Wissen, auch durch Medien, Liberalisierung, Permissivität usw. macht eine Fülle von eigenen Entscheidungen notwendig, wo früher nur gehorcht werden musste. Europa war autoritär geführt, von Kirchen und Staaten; der Bürger hoffte, dass die Oberen eine Gesinnungsethik besäßen, und hatte zu folgen. Diese kindliche Haltung verliert sich mehr und mehr, und es kommen zunehmend Eigenentscheidungen auf uns zu, von denen wir wissen, dass sie wegen der obengenannten Pluralität, der unterschiedlichen Strukturierung der Menschen nicht allgemein verbindlich sein müssen.

Darum steht man heute nicht Gott oder moralischen Gesetzen gegenüber, sondern anderen Menschen. Wenn ich möglichst glücklich sein will, muss ich beachten, dass mein Nächster nur soviel Schaden nimmt, wie ich verantworten kann. Dazu muss ich ihn beachten und verstehen.

In der Philosophie heißt diese Haltung „Sozialer Utilitarismus", ihr Ziel: „Das größte Glück der größten Zahl". Er löste den Formalismus Kants ab, die Forderung, einem selbst gegebenen autonomen Gesetz zu gehorchen, formal, ohne Rücksicht auf den Inhalt. Moderne Philosophen pflegen die Hermeneutik, das Bemühen um Verständnis. „Liebe Deinen Nächsten wie Dich selbst", oder „…aber die Liebe ist die Größte unter ihnen" – diese christlichen Maximen würde ein moderner Ethiker so ausdrücken müssen: Liebe Dich selbst, aber achte den anderen mit **seinen** Eigenheiten! Wenn Albert Schweitzer „Die Ehrfurcht vor dem Leben" als höchstes ethisches Ziel bezeichnet, so ist er dieser Ansicht, erweitert auf die ganze Natur: „Hingebung des menschlichen Lebens an alles lebendige Sein".

Diese Hingebung heißt auch Verantwortlichkeit, und diese fordert der Philosoph Hans Jonas. Nicht mehr die Gesinnungs-Ethik einer Religion allein, nicht das Vertrauen in ein Prinzip Hoffnung haben ausreichende Macht und Einfluss, sondern Verantwortungs-Ethik ist gefragt mit dem Abwägen möglicher Folgen. Der Mensch wurde zum Zauberlehrling und muss nach dem Zauberwort „Begrenzung" suchen. Unsere Verantwortung gilt mehr denn je nicht nur unseren **nächsten** Mitmenschen, sondern die weltweite Vernetzung fordert eine Solidarität, die uns leider nach dem letzten Krieg abhanden gekommen ist, verdrängt von egoistischem Streben nach Geld und Karriere. Als Solidar-Gemeinschaft sind wir verantwortlich auch unseren Nachkommen gegenüber, da unser Können mit weitreichenden Gefahren belastet ist.

Diese Verantwortungs-Ethik verlangt das Ertragen innerer Unsicherheit, des Zweifels, ob unsere Entscheidung richtig war.

Jedoch – wenn alles Gottes Wille ist, dann auch diese Bürde.

Selbsterkenntnis

Wenn wir uns dessen bewusst sind, dass wir als Menschen mehr **in** der Natur als **über** der Natur angesiedelt sind, dann liegt es nahe, den nüchtern naturwissenschaftlichen Blick auch auf uns selbst zu werfen, auf uns als Ganzheit mit Körper und Seele. Mit dieser Unvoreingenommenheit hat Freud beobachtet und die Vernetzung der beiden Sphären Leib und Seele studiert. Seine Methode war so empirisch induktiv, als wolle er Pflanzen- oder Tierverhalten beschreiben. Freud sah aber klar die Grenzen der Gemeinsamkeit:

1. Mit Menschen kann und darf ich nicht beweisend experimentieren;
2. Mein Beobachtungsinstrument bin ich selbst, der ich der Gattung angehöre, die ich beschreiben möchte.

Freuds Aktivitäten stellen einen ähnlichen Einschnitt in unsere Weltanschauung dar wie die Lehre Darwins. Freud ist sozusagen sein Nachfolger, indem er, die animalische Determinierung des Menschen voraussetzend, das spezifisch Menschliche, das uns vom Tier unterscheidet, herausarbeitet: Seine Entscheidungsfähigkeit. Der Dualismus, der das Weltgeschehen überall bestimmt, wird hier besonders eindrucksvoll offenbar. Wir lernen mit Freud die innerpsychische Dynamik kennen, neben den Spannungen der Außenwelt gegenüber. Durch die naturwissenschaftliche Brille können wir wertneutrale Feststellungen treffen und dadurch vielleicht den Weg ebnen zu einer Ethik größerer Gerechtigkeit mit hermeneutischem Verständnis. Durch Freud ist die Einsicht, dass Bewegung, dass Spannung überall das oberste Naturgesetz ist, bei der „Krone der Schöpfung" angekommen, und dort sogar bei seiner Spezifität: Geist und Seele. Den „materiellen Teil" des Menschen (schon weitgehend erforscht) ordnet Freud als schicksalhafte Gegebenheit ein, einschließlich seiner Produkte, wie Hormone, Stoffwechsel usw. Der Dualismus des Mittelalters war moralisch geprägt. Der Mensch als der Verantwortliche für die „civitas terrena" war beschuldigt und aufgerufen, das Böse in seinem eigenen Ich und in der Außenwelt zu bekämpfen. Strafe, Askese, Züchtigung hielt man für fähig, das Reich Gottes auf Erden zu ermöglichen. Die natürliche Vernetzung von Körper und Seele bestärkte die Propheten des Puritanismus in ihren Ge- und Verboten. Diese Vernetzung führte aber auch dazu, dass es bei vernichtender Bekämpfung des eigenen Ich (immerhin eines göttlichen Geschöpfes) zu unerträglichen (unvermeidbaren) Schuldgefühlen kam. Von dieser Irrealität hat uns die Psychoanalyse befreit. Dass das Leben leichter würde, hat Freud nicht versprochen, aber wahrhaftiger. Sein Diktum lautet: Du bist unschuldig an Deiner Prägung, die Du durch Erbmasse und Umwelt in der Kindheit empfangen hast. Lerne, Dich zu verstehen, damit Du so erfolgreich mit Dir umgehen kannst, dass Dir möglichst wenig böse Taten, die Dir und Deiner Umwelt zum Schaden gereichen, unterlaufen! Bedenke die Folgen Deiner Entschlüsse und lerne, auf Triebbefriedigung zu verzichten, wenn es notwendig ist. Dieser bejahte Verzicht ist Deine bewundernswerte Leistung! Gib die Hoffnung auf, ein anderer besserer Mensch (Ideal-Ich) werden zu können, aber übernimm die Belastung, Dich möglichst wenig von Deinem Drang unbewusst bestimmen zu lassen! Wenn Du Dich für Deine Vergangenheit, für Dein Werden, Deine Struktur interessierst, wirst Du manche unbewusste Triebfeder entdecken. Ein wohlwollendes Verständnis für Dich selbst hat eine Verbesserung Deiner Menschenkenntnis zur Folge! Das tut Deinen Mitmenschen gut und erleichtert Dir den Umgang!

„Meine Lehre ist ärztliche Therapie, nicht Philosophie", sagt Freud, „der Arzt befasst sich mit Krankheit, der Philosoph mit den Problemen Aller!"

Seine Nachfahren haben ihm nicht Recht gegeben: Die Verbreitung seiner Lehre im Alltag ist verblüffend. Er wird, mal bejahend, mal ablehnend, laufend zitiert, ob es um das Unbewusste von Fehlleistungen, um sein Modell „Es – Ich – Über-Ich" oder um seine Erklärung menschlicher Entwicklung in Bezug auf die Phasen der Kindheit geht. Wenn Verdrängtes entdeckt wird, Freud ist allgegenwärtig. In sammelnden Philosophie-Büchern wird seine Psychoanalyse kursorisch erwähnt.

Der Widerstand, der ihm schon zu Lebzeiten entgegenwehte, ist m. E. selbstverständlich. Wenn er dazu auffordert, Verdrängtes zuzulassen, dann fordert er dazu auf, das subjektiv Peinliche zu offenbaren. Diese Hürde wird leichter überwunden, wenn Leidensdruck die Bereitschaft zur Ehrlichkeit sich selbst gegenüber stärkt, also beim Patienten. Steigerung und Verdichtung der Kranken machen Symptomatik schärfer sichtbar.

Die Grenze zwischen Gesundheit und Krankheit war schon immer verschwommen. Scharfe Unterscheidungen sind meist inhuman, man kennt das von Militär und Arbeitslagern. Die Erkenntnis unserer Determinierung, d. h. unseres animalischen „Zubehörs" wandelt verschuldete Flecken in eine Mitgift, die ertragen werden muss. Mit dieser Einsicht werden aus „Erbsündern" „Erb-Patienten", stellen die sogenannten Gesunden nur die leichteren Fälle dar, deren „Untugenden" ebenso zu betrachten sind – mit Verständnis! – wie es bei Patienten üblich ist.

Allerdings gibt es einen entscheidenden Unterschied zwischen der Behandlung körperlicher Leiden und der Behandlung psychischer Fälle. Somatisch Kranke werden durch die Autorität des Arztes mit Medikamenten und Anweisungen als passive, nur zu Gehorsam Aufgerufene therapiert. Der neurotisch Kranke nimmt ganz entscheidend an der Diagnose, der Entdeckung seiner Struktur („Wie der liebe Gott ihn gemeint hat") teil und führt seine (oft belastende) Therapie mit Geduld zu sich selbst, mit Selbstüberwindung aus eigener Einsicht durch.

Und so hat sich – unserem Zeitgeist entsprechend – ohne Freuds Absicht, aus der Theorie der therapierenden Psychoanalyse eine Lebensanschauung entwickelt, die, der Philosophie zugehörig, sich eignet zur Grundlage einer Ethik für unser Zeitalter des Pluralismus, für unzählige Individuen!

Den Stellenwert der Selbsterkenntnis für ein sittliches Leben propagierten schon die alten Griechen: „Erkenne Dich selbst" stand über dem Tor von Delphi, „Selbstkritik ist die Vorbedingung aller Tugenden!" sagte Sokrates. Fast 2000 Jahre später sprach Lessing von der Selbsterkenntnis als „Mittelpunkt", Kant als dem „Anfang aller Weisheit".

Der Verlust fester Vorstellungen über ein Leben nach dem Tod hat das Schicksal, den Willen der Götter, in das eigene Innere verlegt. Ein Mehr an Wissen über mich selbst erweitert die Palette der Möglichkeiten, die Freiheit!

Evolution der Ethik

Die Begriffe „Ethik" und „Moral" werden verschieden interpretiert. M. E. hat sich etymologisch eine Differenz entwickelt, die unter „Ethik" eine durch Werte bestimmte Gesinnung und Verhaltensweise versteht, unter „Moral" pragmatische Regeln. Es gab und gibt einen Protest gegen eng begrenzte Moral, man sucht aber heute eine gemeinsame Ethik, die Verantwortung erleichtert. Es ist deshalb folgerichtig, dass bei all den Entscheidungen, die wissenschaftlicher Fortschritt, Erreichbarkeit von Informationen und Kommunikation mit aller Welt uns auferlegen, Ethik mit einer Sehnsucht nach innerer Sicherheit besetzt ist.

M. E. erleben wir eine tiefgreifende Krise, weil der Umbruch von christlicher vertikaler Moral der Gesinnung zu liberaler Verantwortungs-Ethik uns Abendländer gerade heute besonders belastet. Wir sind noch geprägt von christlichem Obrigkeitsgehorsam, haben aber verloren die Solidarität Gleichgesinnter. Wir haben die Feindschaft gegen unseren Körper aufgegeben, befinden uns aber noch im gegenläufigen marktschreierischen Exhibitionismus. Wir lassen uns nicht mehr eine Gottes-Figur vorschreiben, als wäre er rational zu erfassen; wir können nicht mehr naiv Gläubige sein, haben aber nur eine Sicherheit dagegen zu setzen: Den Materialismus mit seinen zwei Seiten: Freier Markt und Dirigismus. Die großen Fragen sind verdrängt. Sie klopfen an bei den Verlierern auf dem Markt der Freiheit, den Drogensüchtigen und den Amokläufern. Die Opferbereitschaft fundamentalistischer Illusionisten versetzt uns in Schrecken; denn sie sind davon überzeugt, die Absichten ihres Gottes zu kennen. Wir sind außerdem

beunruhigt durch wissenschaftliche Fortschritte, die
unsere Schöpfung entzaubern und uns als menschliche
Lehrlinge ängstigen.

Ethik ist Wahlmöglichkeit für Entscheidungen in Freiheit. Diese Freiheit war noch vor 100 Jahren kaum denkbar, heutige liberale Situationen waren kaum vorstellbar.
Man war nicht frei gegenüber der Kirche, gegenüber dem
Staat, nicht frei in der Gestaltung des Alltags mit seinem
Moralkodex. Es gab wenig Freiheit für Berufswahl, Entscheidung für Schule, Ehepartner usw. In all diesen Beziehungen sind wir heute frei, aber nicht ungebunden. Wir
entscheiden bei gleichen Fragen individuell verschieden,
weil wir unterschiedlich geprägt sind. Gemeinsam ist die
seelische Dynamik zwischen Wünschen und Ängsten, ganz
unterschiedlich aber die Art der Objekte, die Intensität, das
Verhältnis zueinander. Freud hat uns belehrt über den großen Anteil von Unbewusstem, das unser Leben bestimmt.

Deshalb ist es nicht möglich, sich so vernünftig zu verhalten, wie man zur Zeit der Aufklärung erhofft hatte. Wir
brauchen zur Befreiung von affektiven Fehlsteuerungen
die Vorarbeit der Selbsterkenntnis, die zwar nie vollkommen gelingen kann, aber unbedingt notwendig ist.

„Ein Affekt, der eine Leidenschaft ist, hört auf, eine Leidenschaft zu sein, sobald wir uns von ihm eine klare und
deutliche Idee bilden“ sagte schon Spinoza.

Eine Bemühung um Selbsterkenntnis (ebenso bei Analyse Anderer) kann nur fruchtbar sein, wenn eine wohlwollende, nicht verachtende Zuwendung stattfindet. Hier
begegnet uns eine weitere große Wende in der Entwicklung unserer Ethik: Die Abkehr vom feindlichen Dualismus zu dem Bemühen um Verständnis eines oft fruchtbaren dynamisierenden Dualismus. Wir sind dabei, zu

verstehen, dass wir nicht „das Böse" oder „die Bösen" vernichten können bzw. dürfen, sondern dass, wie Spinoza lehrt: „das Böse nicht existiert, wenn man die Sünden als Teile des Ganzen ansieht.… Alles Einzelne ist nur ein Teil des Ganzen, das für die Vortrefflichkeit des Ganzen notwendig ist. Gott weiß nichts vom Schlechten… Wir sind ein Teil der ganzen Natur, deren Ordnung wir folgen… Soweit ein Mensch widerstrebenderTeil eines größeren Ganzen bleibt, ist er unfrei! Wir müssen jedes Missgeschick als Teil der gesamten Weltordnung sehen und können nur ein edles Leben führen, wenn wir uns der Grenze des menschlichen Vermögens bewusst sind".

Spinoza sieht die Menschheit also schon lange vor Darwin als Teil der Schöpfung und weniger als Verwandte des Schöpfers. Damit bejaht er unsere Spezies als Gottes Geschöpf, das sich nicht verbessern, sondern akzeptieren muss, so wie man auch das Wesen der Tiere nicht verurteilt. Diese neue Einstellung hat Ziel und Zweck der Ethik grundlegend verändert. Das Lebensziel des Gläubigen im Mittelalter war die eigene Vervollkommnung, hin zu Gott, zur Gottesebenbildlichkeit, um nach dem Tod zu ihm heimkehren zu können. Deshalb war Leiden bejaht, man erwartete ausgleichende Gerechtigkeit im Jenseits. Es war auch freiwillige Härte zu sich selbst eine Hilfe zur Reife, zum Ausgleich des Bösen in uns selbst. So waren Bußübungen notwendig für die Zucht der Seele, so waren Taten, die z. B. sozial sehr hilfreich waren, „ohne moralischen Wert", wenn sie dem Täter leicht fielen, bzw. Freude machten (Schiller, Kant). So war, noch in unserer Jugend, der steile Weg stets der „richtige", wenn der andere bequemer war; es geht bei Kant nur um das Befolgen der Sittengesetze, ganz formal: es geht nicht darum, **was** man tut, sondern **wie** man es tut! Aus heutiger Sicht war diese auf

60

die eigene Person bezogene Ethik egoistisch, sie wurde nur dadurch sozial, dass man annahm, an einer Vermehrung „des Guten" und einer Vernichtung „des Bösen" ganz allgemein auf Erden teilzunehmen.

Aus Mangel an Können und Macht war der naturnahe primitive Mensch nur selten in der Lage, sich zu überlegen, **was** er tut, während bei uns heute fast jede Handlung auch anders hätte entschieden werden können. Wir leben heute geprägt vom Rationalismus, während unsere Vorfahren als unwissend Ausgelieferte weit mehr vom Gefühl geleitet waren. Aus dieser emotionalen, dem Instinkt nahen Erlebnisweise haben wir uns – mit viel Erfolgen – über Jahrtausende hin mehr und mehr dem Ergründen unserer Umgebung zugewandt, dem, was wir mit unseren Sinnen (kombiniert mit logischem Denken) erfassen können; wir machten uns „die Erde untertan", die Physik. Die Metaphysik spielt in unserem Bewusstsein eine geringe Rolle. Die großen Rätsel unserer Herkunft, unseres Seins, sind mit anderen Antennen zu empfangen als mit nüchternem Verstand. Unsere Vernunft kann uns nur mitteilen, wo unsere rationalen Grenzen, unsere durch Struktur bedingten Mängel sich befinden. Sie kann aber auch beobachten, dass unsere rational nur wenig erklärbaren Empfindungen den Mittelpunkt unseres Lebens ausmachen. Der Anblick erhabener Natur, das Wunder eines neuen Menschen, Liebe, ja selbst Hass sind Emotionen, die das Leben jedes Einzelnen bestimmen. Glück und Leid, Begeisterung und Enttäuschung „führen" uns mit ihren Folgeerscheinungen wie Ehrgeiz und Resignation, Selbstüberschätzung und Depression. Zu diesen für Menschen typischen Eigenschaften gehört auch die Empathie, dass „Sich-Einfühlen" bis zur Identifikation in andere Menschen und damit das

Mitleid, von dem unser Sozialleben geprägt ist. Dieses Mitempfinden mit den Schwachen nennen wir Humanität, da wir dergleichen im Tierreich nur beim Instinkt für Aufzucht finden. Dieses Helfen-Wollen, vielleicht weil man sich vorstellen kann, dass man die gleiche Situation erleben könnte, belastet den modernen Menschen weniger als unsere Vorfahren: Kriege werden nicht mehr Auge in Auge geführt, sondern anonym mit Raketen; Geburten, Krankheit, Sterben finden kaum noch zu Hause statt, sondern in Heimen, also in Distanz. Wir erfahren durch Medien von so viel Elend weltweit, dass eine Gewöhnung, die verflacht, sich einstellen muss. Wenn ein Schindler in Spielbergs Film von Mitleid ergriffen wird, so dadurch, dass er die Leidenden sieht, nicht, weil er davon hört. Die Teilung von Legislative (Himmler, der es nicht erlebte) und Exekutive (sadistisch veranlagte Aufseher, die nie entschieden hatten, nur von Gehorsam lebten) ist ein großes Problem unserer globalisierten Welt. Metaphysik ist das, was über das Fassbare hinausgeht. Wir tragen alle die Sehnsucht in uns nach Harmonie, Frieden, Liebe; Hass und Grausamkeit sind die Folgen von Enttäuschung. In Notsituationen, wie kürzlich bei der Flutkatastrophe, wird offenbar, wieviel Solidarität unter all dem konkurrierenden Ehrgeiz unserer materialistischen Zeit verborgen ist.

Moderne Philosophie nennt sich Hermeneutik, d. h., Bemühen um Verständnis, ebenso lehrt Psychoanalyse ein verstehendes wertfreies Zuhören. Mitleid ist ein belastendes aktivierendes Einfühlen. „Diese Teilnahme ganz allein ist die wirkliche Basis aller freien Gerechtigkeit und aller echten Menschenliebe. Nur sofern eine Handlung aus dem Mitleid entsprungen ist, hat sie moralischen Wert", sagt Schopenhauer.

„Man" ruft nach Ethik. Wer soll sie „herstellen"? Ethik ist eine Entwicklung, ähnlich wie Sprache. Einen natürlichen Egoismus dürfen wir bei jedem Menschen voraussetzen, selbst ein Masochist hängt am Gefühl eigener besonderer Größe. Das Auge Gottes und die Angst vor dem Leben nach dem Tode bestimmten die Ethik des Christentums, das Bedürfnis nach einem möglichst friedlichen Zusammenleben (damals noch überschaubar), die staatstragende Ethik der Antike.

Wir sind nicht nur Herrscher über die Natur geworden, sondern auch Weltbürger. „In unserem Reich geht die Sonne nicht unter", wir werden informiert über die Ereignisse auf dem ganzen Erdball; wir werden sogar so hautnah informiert, dass wir uns ein reales Bild machen können von den schlimmsten Katastrophen, den übelsten Grausamkeiten, den größten Gefahren. Diese Häufung stumpft auf Dauer ab, man kann nicht immerzu und immer neu tief erschüttert bleiben. In früheren Zeiten waren Mitleid heischende Ereignisse dazu angetan, dass man helfen konnte, wie im Gleichnis vom Barmherzigen Samariter. Was wir heute hören, ist meist so weit entfernt, dass allenfalls eine Geldspende in Frage kommt, deren Weg unübersichtlich bleibt. Es ist verständlich, dass sowohl Sensibilität als auch Verantwortungsgefühl verflachen. Wenn ein Grieche in seiner Polis Schlimmes sah, so war es ein persönliches Erlebnis. Wir hören und sehen fern, sind dadurch gepanzert uns zu schützen, wenn Elend uns nahe betrifft. Wenn Schopenhauer das Mitleid als „wirkliche Basis aller echten Menschenliebe" bezeichnet, so war er noch nicht so überfordert wie wir Heutigen. Auch in anderen Bereichen ist ein Mangel an Belastbarkeit im Gefühlsleben zu verzeichnen. Ehen trennen sich, anstatt Krisen durchzustehen;

nicht immer führen Trennungen zu einem besser geglückten Leben. Auch die Erziehung von Kindern verlangt ein „Mit-den-Kindern-leiden-Können" ohne zu fliehen oder zu delegieren.

Da wo tätige Hilfe möglich ist, zeigt sich, dass Solidarität aufgrund von Mitleid noch vorhanden ist, - wie sehr, ist an der Einsatzbereitschaft, an vollbrachter Leistung zu erkennen.

Ethik entsteht – laut Schopenhauer, Max Scheler, Gadamer und anderen – auf dem Boden des Mitgefühls, der Empathie.

Diese Einstellung ist zu Zeiten des Individualismus besonders anstrengend, da eine gemeinsame Grundhaltung nicht mehr üblich ist. In patriarchalischen Zeiten waren alle Glieder eines Volkes auf denselben Gott eingeschworen und außerdem innerhalb ihres Standes zwar abgegrenzt, aber verstanden und nicht alleine. Heute ist jeder Mitbürger ein „Unikat". Heute lernt aber auch ein Manager nicht seine Arbeiter als Menschen in ihrer Umgebung kennen, sonst könnte niemand Millionen zweistellig annehmen, wo Mitarbeiter entlassen werden. Diese Schieflage wird auch der Vergangenheit in der Monarchie vorgeworfen, konnte damals vielleicht besser verkraftet werden, weil man einerseits in der Gruppe geborgen war, andererseits die Ungerechtigkeit als gottgewollt betrachtete, da die Herrschenden ja zum „Gottesgnadentum" gehörten. Heute sind Führende stolz darauf, wenn sie aus „einfachen Kreisen" stammen, d. h. dann aber auch, dass sie mehr Vorbildfunktion haben als die Herrschenden früherer patriarchalischer Zeiten mit ihrem „Quod licet Jovi, non licet bovi!"

64

Von dem Begriff „Ethik" erwartet jeder Sittlichkeit. Sittlichkeit ist an Freiheit, an eigene Entscheidung gebunden. Diese Entscheidung zu sozialem Handeln ist heute erschwert, da die gefühlsbetonten Erlebnisse, die spontanes Helfen, Opferbereitschaft hervorrufen, größtenteils unpersönlich geworden sind. Ähnlich verhält sich die Verantwortlichkeit: Wenn ich Not aus aller Welt vorgesetzt bekomme, ist mir klar, dass ich nicht überall verantwortlich sein kann. Die Folge davon besteht in einem allgemeinen Schwund von Verantwortungsgefühl.

Und wie entwickelt sich Ethik heute? Wir verstehen unter Ethik ein gemeinsames Gewissen. Das Gewissen des Einzelnen entsteht unbewusst frühkindlich aus der Beziehung (meist) zu seinen Eltern. Ein Gewissen für die Menschen von heute als Schicksalsgemeinschaft muss bewusst erarbeitet werden, weil die Nähe der Gefühle sich zu Theorien verwässert hat. Ethik kann man nicht herstellen, aber man kann sie pflegen. Das vorhandene Pflänzchen, das sich manchmal unverhofft bemerkbar macht, können wir – rational – wässern, mit Licht, Luft und Anerkennung versorgen. Wir können auch darauf aufmerksam machen, dass es nicht die geringsten Glücksgefühle sind, die ein Erleben eigener Nützlichkeit, des Geben-Könnens hervorruft. Zudem sollte auch die Kombination von „Geld und Glück" oder „Geld und Wert" in Frage gestellt werden. Die Existentialisten (Heidegger, Jaspers, Sartre u.a.) bekennen sich (nach, vielleicht auch in Folge des 1. Weltkrieges) zu der nüchternen Sicht unseres „Hineingeworfenseins" auf dem Boden von Angst, von „Sorge" mit dem persönlichen Bedürfnis nach „Vorsorge", dem kommunikativen Bedürfnis der „Fürsorge". Die Erfahrungen des 2. Weltkrieges haben das zentrale Anliegen der Existenz-Philosophie, die Gestaltung des eigenen „Daseins" gesteigert und in den Nachkriegsjahren ein Verkommen von Sitte bewirkt, nachdem diejenigen als Verbrecher bezeichnet worden waren, die Solidartugenden befolgt hatten, als eine Obrigkeit sie zu bösen Zwecken missbrauchte. All die Fälle von Korruption, die heute aufgedeckt werden, waren damals „schick und schlau". Correctness war Beschränktheit, kleinbürgerlich. Man hielt sich nicht mehr an allgemein gültige innere Gesetze, sondern vertrat die Ansicht, dass oberstes Gesetz die Gestaltung des eigenen Daseins sei. Sorgte man ursprünglich für sich selbst in Bezug auf einen Platz im Himmel, so jetzt naheliegender für einen Platz hienieden. Zwei Erfahrungen haben eine Wende eingeläutet: Einerseits bescherte zunehmender Wohlstand keine Steigerung bleibenden Glücks (Wettstreit im Besitzstand brachte Hektik), andererseits sind Rücksicht, Takt, Geduld – alles, was Hilfsbedürftige brauchen – fast verschwunden. Die Rezession schafft jetzt eine klaffende Schere, die nicht nur den Armen, sondern auch den (taktlos) Reichen gefährlich werden kann. Wir fragen unser Bewusstsein, wonach wir uns sehnen, welche Vorstellungen von Glück in uns leben und erhalten die Antwort, dass wir uns nach subjektiven Gefühlen sehnen, für die alles Gegenständliche nur vorgestellte Auslöser sind. Unser Denken und Beobachten sollte – auch ohne Religion – den Zugang der Welt rational anerkennen, die in unseren Herzen wohnt. Innigkeit, Besinnlichkeit, Begeisterung und Traurigkeit sind hier zu Hause, so wie auch intuitive Erkenntnis, das spontane Erfassen des Wesens anderer Menschen oder Dinge. Sentimentalität ist nur dann kitschig, wenn sie nicht belastbar ist. Haben wir zunächst einmal wieder akzeptiert und begriffen, was in uns das hervorruft, was die Antike „Glückseligkeit" nannte, dann erkennen wir auch, dass zur Liebe Opferbereitschaft

66

gehört, zur Anerkennung Mühe und Einstellung auf Andere, dass Verzicht, wenn bejaht, nicht Dummheit, sondern Tugend benannt werden muss. Wir bejahen dann auch die Gesetze der Psychologie, die in vielem denen der Naturwissenschaften ähneln, z. B., dass Glück aus der Relativität geboren wird, dass Spannung, andauernder Wechsel der Gefühle, Grundbedingung des Lebens ist.

All das in Filmen, Theater, Literatur und im Unterricht der Schule könnte eine Ethik wiederaufleben lassen — so wie eine Pflanze versorgt wird - , die sich um das neue Ziel wirklich kümmert, horizontal um die Mitmenschen. In ernsten Situationen sind wir uns wieder so ähnlich, so nah verwandt, wie wir Ärzte es bei Patienten aus ganz unterschiedlichen Kreisen erleben können. Zuviel Ablenkung, Wohlstand, Materialismus hat uns vergessen lassen, wie sehr wir eigentlich im gleichen Schicksal verbunden sind, in Ungewissheit, Unsicherheit, Nichtwissen, in Angst. Unser begrenztes Leben machen wir uns schwer durch ausufernde Rivalitäten, ob persönlich oder politisch.

Die Schwierigkeit heute besteht darin, dass Gewissen — und Ethik ist ein kollektives Gewissen — mehr Angelegenheit des Empfindens ist als Angelegenheit des Verstandes, dass wir aber mitentscheiden müssen bei Problemen, die wir nicht persönlich erleben, so dass zwischenmenschliche Hilfsbereitschaft und Verantwortlichkeit auch ohne Ergriffenheit rational geleistet werden muss.

Wir befinden uns deshalb in der Notwendigkeit dort, wo normalerweise Evolution in sich stattfindet, ein Bewusstsein zu entwickeln, das uns rational unsere Gefahren aufzeigt. Evolution ist in der Natur gesteuert von dem Bedürfnis zu überleben, motiviert also von Existenzangst. Der Alltag unserer globalisierten Welt besteht aus dem ununterbrochenen Konflikt zwischen dem Kampf um das Überleben „der Art" und dem Kampf um das Wohlergehen des Individuums. Barmherzigkeit und Nächstenliebe gibt es noch im engeren Umfeld, wenn auch reduziert durch Technisierung von Hilfsangeboten. Die Verantwortung für entfernte Orte ist kaum emotional zu wecken, sondern vorwiegend rational durch Vorstellung. Es besteht auch eine verwässernde Überforderung durch Rufe nach Hilfe aus aller Welt. Wir besitzen nebeneinander ein ursprüngliches soziales Empfinden im persönlichen Erlebnis und eine abstrakte Ethik, die sich durch Vorstellung herstellen muss, als Hochrechnung gemachter hautnaher Erfahrungen. Schopenhauer spricht sich ganz für „die anschauliche Auffassung" aus: „Künstliche Begriffskombinationen können also, wenn wir die Sache ernstlich nehmen, nimmermehr den wahren Antrieb zur Gerechtigkeit und Menschenliebe enthalten. Dieser muss vielmehr etwas sein, das wenig Nachdenken, noch weniger Abstraktion und Kombination erfordert, das, von der Verstandesbildung unabhängig, Jeden, auch den rohesten Menschen, anspreche, bloß auf anschaulicher Auffassung beruhe und unmittelbar aus der Realität der Dinge sich aufdringe".

Schopenhauer lebte zwar in einer schon industrialisierten Welt, aber noch nicht in einer durch perfekte Information vernetzten Welt. Es war nur ein kleiner Teil von dem machbar, was wir heute können. Wodurch gerät Goethes Zauberlehrling in Bedrängnis? Dadurch, dass er mehr kann, er ruft Wasser und – erhält zuviel! Wir verlängern das persönliche Leben und – erhalten zuviel Alte, die allmählich die Existenz „der Art" bedrohen. Wir verbessern den Boden und – schädigen die Ausgewogenheit. Wir züchten eine Mehrheit von Tieren und – machen sie krank. Es gibt noch viele Beispiele, die das große Problem aufzeigen, dass der erhöhten Fähigkeit einen nicht vermuteten Nachteil verpasst; denken wir nur an Dynamit und Atomkraft! Zu wenig denkt der begeisternd forschende und technisch begabte Mensch an seine unheimlich gesteigerte Verantwortlichkeit. Dürrenmatt beschreibt diesen Konflikt in seinen „Physikern".

„Der Mensch versuche die Götter nicht!" hat seine Geltung verloren.

Das Nebeneinander von emotionaler und abstrakter Ethik gab es schon immer. Untertanen mussten töten, Angehörige opfern, weil es mal um den Kampf Gottes gegen „das Böse" ging, mal um das Glück der Nachkommen in einem großen geehrten Vaterland! Der Unterschied zu unserer heutigen Situation besteht nur darin, dass wir Möglichkeiten zur Entscheidung haben, welches sittliche Ziel für uns Vorrang hat. Shareholder value rettet Firmen und vernichtet Arbeitsplätze. Die Frage, ob nicht ursprünglich Fabriken den Menschen dienen sollten und nicht umgekehrt, wird gar nicht gestellt. Weltweit vernetzt wird produziert für immer ärmere Käufer. Das Mitgefühl für alte Mitarbeiter ist nur lästig.

Wo treffen sich die beiden Anliegen von Ethik, von Gesinnung? Schmerzhaft z. B. in Sartres „Schmutzigen Händen". Hier erhält Mitleid den Beigeschmack von Feigheit, von einem an-Gefühle-Ausgeliefert-Sein. Das Engagement für ein höheres Ziel beschert dem Agierenden zusätzlich ein Bewusstsein von Größe, von einem sinnvollen Leben über die eigene Person hinaus. Nur wenn es ihm bewusst ist, kann er seine Entscheidung in Frage stellen. Als Konflikt werden derartige Situationen erst erlebt, seitdem wir demokratisiert sind. In Monarchie und Diktatur existiert z. B. bei Kriegen kein Ausweg, bis auf einen sinnlosen eigenen Opfertod. Wenn wir heute nach Ethik rufen, geht es fast ausschließlich um die allgemeine abstrakte Ethik, um die Suche nach einem Rückhalt für die Fragen der Gentechnologie, der Atom-Energie, der künstlich verbesserten Landwirtschaft. Und hier treffen die beiden Gesichter unserer Ethik aufeinander: Mitleid mit der Natur, mit dem gequälten Geschöpf gegen die Existenz des Menschen auf einem freien Markt. Die Evolution der Natur hat harte grausame Gesetze, aber sie ufert nicht aus aufgrund des Instinktes, der im Tierreich noch erhalten ist. Dieser Instinkt der Tiere hört aber da auf, wo Humanität anfängt. Wir verstehen unter Menschlichkeit die Fürsorge für alle Schwachen, ob alt, ob krank, ob arm. Verbunden mit unseren verbesserten Fähigkeiten, mit der Möglichkeit, Natur zu verändern, entstehen Missstände, die man nicht vorausberechnet hat. Wenn ein Staat mehr Geld ausgeben muss für „Nicht-Arbeitende" als für die Gesunden, stimmt die Ordnung nicht mehr. Wenn aber Alte und Sterbende sich alleine überlassen werden wie im Tierreich, dann sträubt sich unser Gewissen, unser Empfinden.

Die erste Konsequenz dieser Überlegungen wäre die „Heuristik der Furcht", d. h. bei jeder Neuerung mehr an mögliche Nachteile und Gefahren zu denken und mehr saubere Hochrechnungen aufzustellen gegenüber den beabsichtigten Verbesserungen.

Es gibt aber noch eine zweite, evtl. schützende Hürde: Unser Empfinden, „das, was zu Herzen geht": Wir atmen Unendlichkeit in ergreifender Landschaft, wir fühlen uns eingebunden in den großen Kreislauf; und so achten wir auch die Gegebenheiten der Natur und kommen zu Albert Schweitzers Motto für eine alles umfassende Ethik: „Die Ehrfurcht vor dem Leben". Hier finden wir die Existenz-

angst als natürliches Gefühl eines kleinen Teiles der großen
Schöpfung, des Menschen, wieder; hier fühlen wir die Ehrfurcht vor dem, was lebt und webt, dessen Funktionieren
wir, je mehr wir erkannt haben, umso mehr bewundern
müssen. Und hier dürfen wir uns selbst angenommen fühlen, gehören wir doch dazu als Geschöpf der Natur. Wenn
wir uns überlassen können, diesem demütigen Gefühl von
Größe, dann wird es wieder wach, das Herz, das lieben
möchte, und das lieben kann: Die Kinder, die Alten, die
Armen, die Traurigen. Das Herz, das lieben möchte, weil
das die große Sehnsucht ist; das Herz, das das Leben lieben
möchte in seiner vielseitigen Schönheit, wie der General
des Teufels bei Zuckmayer den jungen Leutnant belehrt
(im Angesicht des Todes, des Verrats): „Hören Sie mir zu,
Hartmann – oder lassen Sie es bleiben, ganz wie Sie wollen.
Ich sage jetzt, was mir heute Nacht durch den Kopf gegangen ist – seit ich Sie sehe, Hartmann. Sie sind jung, aber Sie
wissen es nicht. Vor Ihnen liegt das Leben. Sie stecken in
einer Krebsschale, in einer Austernmuschel, die Sie für die
Welt halten, und spüren nicht, dass draußen, um Sie her,
der ungeheure Ozean rauscht. Ich aber sage Ihnen, das
Leben ist schön. Die Welt ist wunderbar. Wir Menschen
tun sehr viel, um sie zu versauen, und wir haben einen
gewissen Erfolg damit. Aber wir kommen nicht auf gegen
das ursprüngliche Konzept. Woher das stammt, das weiß
ich nicht. Ich bin kein Denker und kein Prophet. Ich bin
ein Zeitgenosse. Ein Techniker, ein Soldat.

Aber ich weiß – das Konzept ist gut. Der Plan ist richtig,
der Entwurf ist grandios. Und der Sinn heißt – nicht
Macht, nicht Glück, nicht Sättigung. Sondern – die
Schönheit.

Oder – die Freude, oder beides. Nennen Sie es von mir aus, wie Sie wollen – vielleicht gibt es kein Wort dafür. Es ist das, was wir in unseren besten Stunden ahnen und besitzen. Und dafür – nur dafür – leben wir überhaupt. Hören Sie zu, Hartmann, was der alte Mann quasselt?"

„Ja."

„Haben Sie je als Kind auf einer Wiese nach einem Schmetterling gejagt? Sehn Sie, da waren Sie hinter der Schönheit her. Diese kleine Wiese – mit dem verstaubten Straßengebüsch – das ist Ihre Heimat, Hartmann, ist die Erinnerung. Die gute und die böse. Die Wiesen und die Tümpel der Erinnerung – daraus wir uns Bilder machen, so groß wie Himmel und Hölle. Haben Sie eine Ahnung, wovon ich rede?"

„Ja."

Revolution der Ethik

Immer lauter wird er, der Ruf nach Ethik! An wen richtet er sich? Ist Ethik machbar? Haben oder hatten wir eine Ethik? Ja, eine kirchlich-christliche. Sie war bestimmt von Sehnsucht nach Lohn und Angst vor Strafe. Es gab „**das** Böse" und „**die** Bösen". Im Gegensatz zu diesen Fehlgeleiteten gab es „die eigentlich Guten" mit der Gottesebenbildlichkeit, belastet und geschwächt durch Erbsünde. Dieser Pferdefuß, den man in der Sinnlichkeit bekämpfte, wird von uns Heutigen als natürliche Gabe angesehen, seitdem Darwins Evolutionslehre unser Herkommen aus der Welt der Tiere belegt hat, und seitdem Freud die Determinierung unserer Struktur durch Erbmasse und frühkindliche Prägung beschrieben hat. Niemand erwartet heute noch, ein so guter Mensch werden zu können, dass ihm böse Handlungen nicht mehr unterlaufen. Ein Jeder weiß, dass Leben eine andauernde Auseinandersetzung zwischen Trieb und Absicht bedeutet. Es geht also heute nicht mehr um formalen Gehorsam, sondern um eine Entscheidung, nicht mehr um „Zuckerbrot und Peitsche", sondern um ein Abwägen mit Verantwortung.

Eine weitere Wandlung hat stattgefunden: Man sucht nicht mehr **die** Wahrheit, die man mit den Augen Gottes sehen könnte, sondern man hat erkannt, dass jeder von uns – so unterschiedlich wir geprägt sind – **seine** Sicht der Welt, also den für ihn erfassbaren Anteil, erlebt. Wir sind Individualisten einer pluralistischen Gesellschaft geworden. Das bedeutet, dass wir nicht mehr eine gemeinsame Ausrichtung haben, so wie sie den Alltag noch vor 100 Jahren bestimmte.

Nicht nur die 10 Gebote regelten damals das Miteinander, sondern auch feste Rahmenbedingungen und soziale Ordnung, anerkannte Sitten. Ethos heißt Sitte. Sitten sind Gepflogenheiten, keine Gesetze. Während Gesetze fachmännisch theoretisch erdacht und ausgearbeitet werden, sind Sitten vorwiegend ein Entwicklungsprodukt, das in verschiedenen Völkern sehr unterschiedlich sein kann.

Augenblicklich erleben wir bei unseren politischen Problemen, sei es das Verhalten von Ministern, sei es das Zulassen der Gentechnik, den Stellenwert der Ethik der Legalität gegenüber. Findet man einen passenden Paragraphen im BGB, so wird das Strafbedürfnis der Gegner befriedigt, und die Betroffenen müssen zahlen. Da es meist um moderne, neu aufgetretene Probleme geht, wirkt das Urteil des Bundesverfassungsgerichtes so oder so unumgänglich unbefriedigend. Erwartet man nun eine lösende Antwort von Untersuchungsausschüssen oder Ethik-Räten, so wird offenbar, was uns heute fehlt: Die Ethik!

Sitten haben Gruppen vereint, haben tabuisiert, verboten und gefordert. Übertretung dessen, was sich gehörte, hatte Ausgrenzung zur Folge. Die extremste Konsequenz war bei archaischen Stämmen der „Busch-Tod“, sozusagen unumgänglicher Selbstmord.

Gegen Sitten zu verstoßen ist heute „in“: Kleidung, Manieren, Essgewohnheiten, Ehrlichkeit dem Staat oder Versicherungen gegenüber - - - überall wehrte und wehrt man sich gegen ein „Du musst!“, ein unbewusster Protest gegen die Erfahrungen der Vergangenheit. Man musste und wollte nicht mehr „sauber“ sein, und so kam es zu all den Korruptionen, die heute das Vertrauensverhältnis unterhöhlen, das Grundlage einer Demokratie sein sollte.

Wenn es kalt ist, **muss** ich mich warm anziehen, was Kinder oft nicht einsehen wollen. Wenn ich in einer Gemeinschaft geschützt leben will, **muss** ich meine Steuern zahlen. Wenn der Staat geachtet sein will, so **muss** er Vorbild darstellen, nur so kann er die notwendigen Anordnungen durchsetzen. „Wir müssen" war preußische Tugend und Nazi-Missbrauch. Der Nationalsozialismus hat wie ein Brennspiegel fast alle damaligen Entwicklungszustände pointiert, so übernahm er auch die vorhandene Bereitschaft zu Gehorsam. Man war vereint im Ertragen dessen, was gottgegebene Obrigkeit verlangte. Vereint in gebündelten Gefühlen haben Christen das Kirchenjahr erlebt, im Schuldgefühl am Karfreitag, der Öffnung zum All in der Osternacht, der Aussicht auf Erlösung an der Krippe. Als naturwissenschaftliche Behauptungen der Kirche sich als unzutreffend herausstellten („und sie bewegt sich doch!"), hat die Säkularisierung begonnen, die Lösung aus der Unfehlbarkeit der Kirche. Am entscheidenden Ende dieser Entwicklung befinden wir uns m. E. augenblicklich. Unser Problem ist nicht mehr die Apologetik, die Verteidigung der Religion, sondern ihr Verlust!

Innerhalb einer stark emotional bestimmten religiösen Führung konnten sich Rücksichten, Barmherzigkeit, zwischenmenschliche Ordnungen, Tugenden ausbilden – „sub specie aeternitatis" – unter den Augen eines liebenden und geliebten Vaters. Dass man außerdem unter dem gleichen Motto Grausamkeiten als Gottes Gebote ausgeführt hat, wurde erst als Konflikt erkannt, als man die Unbedingtheit einer göttlichen Wahrheit auch rational erfassen wollte.

Heute sind die Kirchen leer, die Banker zahlreich.

Das verbindende Zwischenglied der Menschen ist das Geld geworden. Es erschließt jedem Einzelnen die große weite Welt. Theoretisch erscheint alles machbar, alles erreichbar. War man früher davon bewegt, durch ein möglichst tugendhaftes Leben sich einen Platz im Himmel zu erarbeiten, so besteht die Sehnsucht der jetzigen Menschen darin, möglichst viel in diesem Leben zu sehen, erleben, genießen zu können. Man fragt sich: Wie kann ich mich verwirklichen? Die Fülle des Diesseits lässt das Jenseits verschwinden zu einer „quantité negligeable". Unser bewundernswert entwickelter Rationalismus kann Projektionen, Personifizierungen, Legenden nicht mehr als Fakten ungeprüft übernehmen. Unser Verstand beschäftigt sich empirisch mit dem Vorhandenen und Beweisbaren. Spekulation ist das Feld der Phantasie. Wir wenden uns also horizontal den Menschen zu, weniger vertikal einem Gott. Gott als Bestimmender war in den Augen Gläubiger eine einheitliche Größe, die Menschen um uns herum dagegen sind sehr verschieden. Eine Ethik, die nicht mehr aus einem gemeinsamen Anliegen mit gleichmäßig anerkannten Zielen und Forderungen besteht, ist eine fragwürdige Größe. Feste Regularien lehnen wir ab; Liberalismus, Freiheit sind Gebote einer Demokratie. Mehr und mehr spüren wir aber, dass unser Zusammenleben marode wird, und wir müssen uns fragen, wonach wir uns wohl alle gemeinsam sehnen.

So individuell verschieden konkrete Wunschvorstellungen sind, so sehr gibt es doch auch das allgemein menschliche Streben nach Harmonie, nach Lieben und Geliebtwerden, nach Anerkennung. Vielleicht sind wir durch unsere lange Kindheit mit einer unter allen Lebewesen besonders starken Abhängigkeit von den Eltern so geprägt, dass dieses Gefühl von Geborgenheit wie ein verlorenes Paradies in uns lebt, das ja weitgehend der christlichen Vorstellung vom Jenseits entspricht. Stets geht es im

Leben um „die Lust der Lust am Menschen!" sagt Nietzsche. Deshalb wird vielleicht heute mehrmals hintereinander geheiratet. Die Unlust am Menschen wird vermindert, indem man Alte, Sterbende, Pflegebedürftige und schwierige Kinder berufsmäßig versorgen lässt in Heimen. Objektiv geht es uns sehr viel besser als in früheren Jahrhunderten, subjektiv sind wir janusköpfig. Da sind die gehetzten Gesichter auf der Straße, da sind die nicht enden wollenden Anklagen der Bürger über Missstände, über Mangel an finanziellen Zuwendungen, Aufmerksamkeiten. Fragt man aber den Einzelnen, wie es ihm geht, so ist nur ein „bestens" möglich, denn ginge es ihm schlecht, so wäre er ein Versager! Es ist nicht mehr ein Allmächtiger oder eine Fortuna, die uns beschenkt oder bestraft oder fordert, sondern wir selbst sind unseres Glückes Schmied, selektiert und schlau. Wer nicht so „praktisch", evtl. weniger begabt oder zu sensibel veranlagt ist, hat wenig Gelegenheit zu einer Bestätigung seiner Werte. Der leidende Christ konnte sich mit einem leidenden Gottes-Sohn vergleichen, der leidende Rationalist ist nur noch lästig. Diese Verzweiflung haben uns Amokläufer zugeschrieen, dieses Problem manifestiert sich bei Drogensüchtigen.

Glück ist ein subjektives Empfinden, die Sehnsucht danach wohl allen Menschen gemeinsam. Sehnsucht ist eine Unruhe, ein Auf-dem-Wege-Sein, für Jeden anders gefärbt; mal quälend, mal träumend, mal melancholisch, ist sie das treibende Agens unseres Lebens. Sie bleibt, denn „es gibt kein Glück, nur glückliche Momente", hat Goethe gesagt. Darum sind wir mehr miteinander verbunden, als „auf dem Jahrmarkt der Eitelkeiten" sichtbar wird. Wer von dem, was man heute braucht, vom Geld, reichlich hat, ist bei weitem nicht so beneidenswert, wie es dem Ärmeren erscheint.

In Krisenzeiten erleben wir, was uns verbindet, was menschliche Nähe, was ein Gefühl von Zugehörigkeit zum All, ein „Wir-Gefühl" bedeutet, von dem auch Schiller träumte mit dem pathetischen: „Alle Menschen werden Brüder". Nüchterner könnte man sagen: „Alle Menschen sind doch Brüder"! Brüder vertragen sich nicht immer. Brüder sind oft sehr verschieden veranlagt, müssen aber mit einer gemeinsamen Umgebung fertig werden, sind oft Rivalen; gemeinsamer Kummer wirkt oft verbindend. Brüderliche Tugenden sind Hilfsbereitschaft und Kameradschaft. Brüderliche Liebe kann nicht erzwungen werden, aber ein fairer Umgang miteinander doch. Wenn Brüder sich „lieben", dann ist es nicht Tugend, nicht Ethik oder Verdienst, sondern Bedürfnis, Geschenk.

Schiller (1759 – 1805) schreibt in seinen „philosophischen Briefen": „Geschaffene Individuen streben aufeinander zu durch die Liebe, um die göttliche Einheit wiederherzustellen nach der Entäußerung Gottes in seinen Geschöpfen". Max Scheler (1874 – 1928) spricht von „Mitvollzug" als einer Verbindung von Erkenntnis und Liebe. Und auch in der Antike heißt es bei Plato: „Tugend ist Wissen um die wahre Glückseligkeit, Laster ist Unwissenheit oder Irrtum, niemand tut freiwillig Böses". Es gilt also die Tautologie: „Wir erkennen soviel, wie wir lieben" (Augustin 354 – 430), als auch: „Erkennen, d. h. beim Menschen „Verstehen", schafft Zuneigung, bzw. Verminderung von Antipathie. Hier ist der Kern einer neuen Ethik. Sie lehnt die äußerliche formale Selektion der „Bösen" von den „Guten" ab, da wir durch Psychoanalyse wissen, wie wir alle seelisch ambivalent strukturiert sind. „Herr, vergib ihnen, denn sie wissen nicht, was sie tun!" sagte schon Christus. „Gut und Böse sind nur Charakteristika für die Beziehungen, die wir zwischen den Dingen herstellen. Sub specie aeternitatis gibt es nichts Böses!" sagt Spinoza (1632 – 1677). „Alles Unrecht-Tun ist eine Folge intellektuellen Irrtums… Das Böse existiert nicht, wenn man die Sünden als Teile des Ganzen ansieht… Gott weiß nichts vom Schlechten".

Wie vermeide ich Irrtum? Woher nehme ich Wissen und Erkenntnis? „Liebe und tue, was Du willst!" sagt Augustin; Freud verlangt vom Erkenntnis suchenden Analytiker „frei schwebende Aufmerksamkeit". Voraussetzung für möglichst konfliktarme Begegnungen ist hier die Selbsterkenntnis des Erkennenden. „Nihil est in intellectu, quod nun prius fuerit in sensu » können wir bei John Locke (1801 – 1881) lesen: Es ist notwendig, dass wir uns dessen bewusst werden, was unser Erleben der Umwelt aus eigener Dynamik bestimmt. Nur so kann „die Teilhabe" gelingen am „So-sein eines Anderen, dessen Sein dadurch selbst keine Veränderung erfährt;   Erkennen heißt   ein So-sein anschauend und denkend ergreifen. Wo beides zur Deckung kommt, herrscht Evidenz" (Max Scheler).

Diese Teilhabe, diese Evidenz ist für die großen allgemeinen Probleme unserer Zeit nicht mehr ausreichend. Immer noch beglückend im Privaten erreicht Empathie nicht die Folgen der Entschlüsse und Handlungen heutiger Forscher und Techniker. Es geht jetzt um eine kopflastige Verantwortungs-Ethik, die nicht nur horizontal auf lebende Mitmenschen ausgerichtet ist, sondern auf das, was Menschen werden durchmachen müssen, die nach uns leben, die wir nicht mehr kennen lernen.

Das heißt: Während wir uns noch im Spannungsfeld der ersten Revolution unserer abendländischen Ethik befinden, die sich allmählich entwickelte vom Gehorsam zur Eigenentscheidung, von der Ausrichtung nach oben zur

Ausrichtung auf unsere Zeitgenossen, sind wir schon eingeholt von der zweiten Revolution: Jetzt sind theoretische Entscheidungen notwendig für die Zukunft der Menschheit, da unser Können ungeahnte Folgen nach sich zieht. Horizontale Ethik wird ergänzt durch einen vertikalen metaphysischen Bezug.

Hans Jonas (1903 –1993) sagt im „Prinzip Verantwortung" dazu: „Wir brauchen eine Zukunfts-Ethik, die nicht mehr nur eine Lehre vom Tun sein kann sondern sie braucht einen metaphysischen Bezug; sie ist eine Lehre vom Sein, wovon die Idee eines Menschen ein Teil ist. …

Die Zukunfts-Ethik basiert nicht auf Erfahrung, darum ist sie ohne Gefühl, sie ist kopflastig. …

Dabei gebührt der Unheil-Prophezeiung mehr Gebühr als der Heils-Prophezeiung. …

Man kann ohne das höchste Gut, aber nicht mit dem höchsten Übel leben!…

Technologie als Beruf bedeutet heute einen unendlichen Vorwärtsdrang über Notwendigkeiten hinaus. Der Homo faber siegt über den Homo sapiens. …

Das Tempo der Technik ist im Vergleich zur natürlichen Evolution so groß, dass Irrtümer nicht korrigierbar sind. …

Wir brauchen eine Ethik der Erhaltung, Bewahrung und Verhütung und nicht eine des Fortschritts und der Vervollkommnung. ….

Daraus ergibt sich die Frage nach dem Sein-Sollen, einer Verbindlichkeit zur Seinswahrung, eine Verantwortung gegen das Sein im Gegensatz zur nihilistischen Skepsis heutiger West-Theorien. …

Heute ist Wissen eine vordringliche Pflicht, es
besteht eine Kluft zwischen Vorherwissen und
Macht. …

Bisher hatte die horizontale Ethik Vorrang, die
sich im Fortgang des Zeitlichen, in Bezug auf den
Mitmenschen manifestiert, es bekommt jetzt die
vertikale Ethik Vorrang, die in Bezug zum Ewigen
ihre Ausrichtung findet. …
Es braucht eine Moraltheorie, die aus dem Sollen
der Natur für den Menschen ein Wollen zum Sollen macht. Durch Wissen und Macht kann ich entscheiden, habe Verantwortlichkeit. Menschen sind
potentiell schon moralische Wesen, weil sie für ein
„Du sollst!" affizierbar sind. …
Kann Enthusiasmus für die Utopie (Fortschritt,
klassenlose Gesellschaft) in Enthusiasmus für die
Bescheidung umgemünzt werden? Wir brauchen
eine neue Art von Demut, nicht wie früher wegen
unserer Kleinheit, sondern wegen unserer Macht.
Es gibt Verantwortung für Zu-Tuendes; es gilt
nicht, dass man um so weniger zu verantworten
hat, je weniger man tut!"

Hans Jonas bringt klar zum Ausdruck, was ich, bzw. was
viele heute denken. Vor 20 Jahren wurde er bekannt. Wenn
man heute seine Thesen liest, muss man sich wundern,
dass er in der Ethik-Diskussion der Gentechnologie nicht
zitiert wird. Zu wahr, zu nahe scheinen heute seine War-
nungen, der passende Moment für Verdrängung!
Die zweite Revolution der Ethik ist zwar auch – wie die
Abkehr von blindem Gehorsam – eine Entwicklung, aber
sie vollzieht sich mit viel größerer Geschwindigkeit, wird

erst an gefährlichen Grenzen wahrgenommen. Die Abkehr von gehorsamer vertikaler Gesinnungs-Ethik zur horizontalen, den Mitmenschen zugewandten Verantwortungs-Ethik, hat durch die schwindelerregenden Fortschritte der Wissenschaft alte Fehler wieder aufleben lassen: Die Selbstüberschätzung der Gottesebenbildlichkeit hat sich gesteigert zur Rivalität mit dem Schöpfer, zur Berufung, die Welt neu zu erschaffen.

Nur unbestimmbare Ängste erinnern uns noch an unser „Hineingeworfensein" (Existentialisten), an die Tatsache bleibender Unsicherheit, an die Konfrontation mit dem Unbegreiflichen. Verloren haben wir die „docta ignorantia" (Cusanus, 1401 – 1464), das Wissen vom Nicht-Wissen. Wir sind im Stadium des „Zauberlehrlings" (Goethe), kurz bevor er bemerkt, dass er nicht weiß, wie er die Wasserflut stoppen kann. Die Geister, die er rief, wurde er nicht mehr los! „Unheilsprophezeiung anstelle von Heilsprophezeiung", „eine Ethik der Erhaltung, Bewahrung und Verhütung und nicht eine des Fortschritts und der Vervollkommnung" fordert Hans Jonas. Haben wir denn nicht eine neue Art Demut erlernt durch unser Forschen, sowohl die Schöpfung zu bewundern als auch die Verantwortung zu fürchten, die wir übernehmen, wenn wir handelnd eingreifen? Religionen schützen vor Übermut durch ihr „sub specie aeternitatis" der Gottesfurcht. Eine entsprechende Ethik der Moderne befindet sich ebenso, auch ungewollt und fast vergessen, in der Position des „sub specie aeternitatis", also nicht nur horizontal, sondern auch vertikal gefordert. Wo früher göttliche Entscheidung erwartet wurde, dann Menschen fast alles für machbar hielten, muss heute der denkende Mensch innerhalb seiner Grenzen zum Wohle des Ganzen entscheiden. Der „homo faber" muss gleichzeitig „homo sapiens" sein! Wir sind verantwortlich für unsere Nachkommen, für deren eventuelle Leiden kein direkter Erfahrungsbezug existiert, die Zukunfts-Ethik ist kopflastig. Ein Gefühlsbezug ist nur möglich durch die Vorstellung, die auf Erlebtem basiert. Wenn ich nachempfinden kann, was Menschen nach mir evtl. durch meine Schuld erleiden könnten, weil ich das Mitleid aus eigenem Erleben hier und jetzt kenne, kann eine Zukunfts-Ethik durch Fühlen gestärkt sein.

Wenn wir also private Not voller Mitleid oder Selbstbetroffenheit erlebt haben, entsteht bei Anzeichen von Gefahr eine angsterzeugende Vorstellung. Insofern beruht Zukunfts-Ethik auf der Intensität selbst erlebten Mitleids in Zusammenhang mit einem Verantwortungsgefühl für Personen, die wir aus Entfernung in Raum und Zeit nicht kennen lernen werden. Diese Anschauung ist nicht mehr sinnlich, aber emotional. Hier ist Verdrängung erleichtert und sehr verführerisch, da eigene Bedürfnisse gegen belastende oder Verzicht erfordernde Verpflichtungen abzuwägen sind. Wir überschreiten dabei die Grenzen von Raum und Zeit, der Immanenz gegenüber der Transzendenz. Wir brauchen die Furcht, bzw. einen tiefen Ernst und Zweifel im Gegensatz zur Euphorie der Forscher, die im Rausch der Machbarkeit in Gefahr sind, einem destruktiven Optimismus zu verfallen. Es wird fast vergessen, dass wir sterblich sind, dass Pandora nicht nachlässt, besiegbare Krankheiten durch neue zu ersetzen. Es wird vergessen, dass wir die Rätsel dieser Welt nicht begreifen können, sondern nur die Materie erforschen. Trunken von Rationalität haben wir den anderen, den emotionalen Bezug zur Welt vernachlässigt. Diesen Mangel empfinden wir fast plötzlich in den letzten Jahren auf verschiedensten Gebieten: Zwischenmenschlich in mangelndem Einfühlungsvermögen, ausgerechnet zu Zeiten der Hermeneutik; kulturell im Zusammenprall mit dem Islam, der noch die Zusammengehörigkeit von Diesseits und Jenseits verkörpert mit den Leidenschaften, unter denen auch unsere christliche Vergangenheit gelitten hat; und schließlich an den Grenzen unseres Handlungsspielraums, z. B. bei der Gentechnologie, wo die Zukunfts-Ethik anscheinend nicht im Sinne von Jonas betrachtet wird, wo nur von „Heilsprophezeiung" bei den Maßgeblichen zu hören ist, zu wenig von einer sachlichen „Unheilsprophezeiung". Dass Wissbegierde, Forscherdrang und Ökonomie die metaphysische Verantwortung verstellen können, wird nur wenig diskutiert.

Jonas ist 1993 gestorben; er ahnte, wie radikal sich das Verhältnis der Menschen zueinander ändern würde. Wir haben inzwischen den Verlust an Individualität in unserer individualistischen Gesellschaft erlebt: die Globalisierung, mit Rivalität der Firmen ohne Rücksicht auf Menschlichkeit, den Verlust an Überschaubarkeit durch Internationalisierung. Metaphysik ist nicht rational analysierbar.

Wenn Albert Schweitzer den Begriff „Ehrfurcht" vor dem Leben" als Offenbarung für ethisches Verhalten erlebt, so spricht er von einer einleuchtenden Tatsache, nicht von einem diskussionsfähigen Thema.

Verlust dessen, was zu Herzen geht

Wir waren erschrocken, als die (sympathische) Klassenlehrerin unseres Sohnes in der Sexta verkündete: „Bei uns im Gymnasium herrscht das Gesetz: „Vogel, friss oder stirb!"" Die Kinder waren 10 Jahre alt und sollten schon dem Gesetz des Marktes gehorchen oder anheimfallen! Diese Worte waren zu verstehen auf dem Hintergrund der modernen Didaktik der Vorschule: Diese hieß: „Ihr braucht nicht zu arbeiten, wir lernen im Spiel!" („spielend" wäre noch verständlich gewesen).

Im Gymnasium liefen die beiden Prinzipien dann nebeneinander. Manche (wenige) Lehrer waren streng, einige bemühten sich unendlich, die Schüler zum Lernen zu „verführen", als wäre ihr Beruf der eines Conférenciers, andere benahmen sich gleichgültig. Je unkomplizierter und passend ein Kind begabt war, desto weniger unterschied sich sein Schulerlebnis von der Freizeit. Da aber Noten sachbezogen sein müssen, wurden Kinder mit ungünstigen Bedingungen zu Verlierern. Damals waren diese Zeichen der 68er-Rebellion im Klassenverband sozial noch eher geals verachtet. Heute schweben über unserer Jugend die Gespenster von Numerus clausus, Arbeitslosigkeit, ehrgeizigen und ängstlichen Eltern. Ein Kind, das sein Versagen in der Schule zu Hause nicht zu erzählen wagt, ist dazu eventuell motiviert durch Mitleid mit den Eltern. Dies zur Einleitung meines Themas:

„Was zu Herzen geht".

Die gegensätzlichen Einstellungen der beiden Lehrertypen haben eines gemeinsam: Sie verpassen in ihrem Programm die Erziehung zu dem Leben als Erwachsene, für das die Kinder vorbereitet werden sollen. Wer ein Leben als Spiel erwartet, bleibt seelisch Kind, ist schwer oder unlösbaren Konflikten nicht gewachsen, überschätzt andere (und überfordert sie), so, wie fast alle Kinder mal ihre Eltern idealisiert und dementsprechend später beschuldigt haben. Wir haben die Jugendlichen der 60er Jahre erlebt, die von der älteren Generation fehlerfreies Handeln verlangten, ohne sich von diesen in Bezug auf eigene Existenz zu lösen. Die Verlierer in der Schule sind betrogen um ein Selbstbewusstsein für ihren eigenen Status oder Typ, der evtl. im praktischen Leben dem „guten Schüler" überlegen ist.

Der o. g. Anspruch der Lehrerin entspricht dem Gesetz der Evolution und dem des freien Marktes. Hier ist nicht berücksichtigt das, was uns Menschen von der übrigen Natur – der wir physisch zuzuordnen sind – unterscheidet: Humanität, Menschlichkeit. Wir erwarten Fürsorge für Alte und Kranke, Betreuung von Behinderten, Existenzsicherung der Armen, Lebenshilfe für Kinder. Alle weltanschaulichen Strömungen unserer Zeit rufen nach Verständnis. Nicht mehr der vorgeschrieben perfekte sittliche Typ der kirchlich geprägten Vergangenheit ist unser Ideal, sondern das sich frei entfaltende Individuum, und damit erleben wir uns in einer Vielfalt von Möglichkeiten. Wir entwickeln uns nicht mehr auf einem eng begrenzten Pfad der Tugend, sondern in einer weiten Landschaft mit unendlich viel Wahlangeboten. Den Folgen sehen wir uns gegenüber: Es ist anstrengend, sich immer wieder entscheiden zu müssen (man nennt diese Situation „Wahl-Freiheit"). Es ist anstrengend, in anderen Menschen nicht gleichen Ausrichtungen zu begegnen, sondern evtl. einer vollkommen anderen Sicht; d. h. unser Leben ist freier, aber nicht leichter geworden. Also sollten Kinder liebevoll herangeführt werden an das, was sie später benötigen: Das Aushalten von Spannung, das Überwinden von Unlust aus eigener Einsicht statt aus Angst vor Strafe. In meinem o. g Beispiel machten damals engagierte Lehrer sich oft selbst den Vorwurf, nicht genügend motiviert zu haben. Hier litt oder wuchs also das Selbstbewusstsein eines Erwachsenen, nicht das des Kindes.

In unserer Kindheit vor dem 2.Weltkrieg mit weniger Freiheiten für den Einzelnen, mit festgefügten Sitten für Benehmen, Kleidung, Pflichten hatten es die Lehrer leichter. Eine einheitliche Erwartung vereinte sie mit den Eltern in ihrem Erziehungsanspruch. Individualität war kein Thema. Man muss sich klar machen, dass damals das Soll für alle fast das gleiche war. Nur besonders konfliktbeladene Eltern verunsicherten evtl. ihre Kinder, während heute eine Eltern-Zeitschrift die andere ablöst mit ganz unterschiedlichen Empfehlungen für die Erziehung. Unsichere Kinder in einer schwankenden Zeit!

Die Erwachsenen sind nicht mehr solidarisiert in einem gemeinsamen Kultur-Kanon, eine Identifikation mit der eigenen Leitkultur wird belächelt.

Die Gelegenheiten zur Identifikation haben sich für unsere Kinder insofern verändert, als sie von einer Vielzahl von Bezugspersonen geprägt werden (Krippe, Kindergarten, Schule, Großmütter, Tanten, Freunde, Tagesmütter, Hort, Sport, Musik – stets wechselnde Bezugspersonen). Identifikation ist ein unbewusstes Anpassen von innen heraus aus Liebe, aus Schutzbedürfnis, Sehnsucht nach Geborgenheit, wie es der Mensch als Nesthocker so sehr viel mehr und länger braucht als die Tierwelt. Früher waren Kinder fast nur der Mutter ausgeliefert. In dieser Nähe lernten sie frühzeitig die Ambivalenz kennen: Jede Mutter ist für das Kind gleichzeitig Fee mit Versorgung und Zuneigung als auch Hexe durch Ge- und Verbote. Bei jeder nahestehenden Bezugsperson lernt man das bejahend auszuhalten, was einem nicht gefällt, um die Bindung zu erhalten. Wer sich nur mit einer Seite der zuständigen Person bei Lehrern, Sport-Idolen, Betreuern auseinandersetzt oder sich hineinphantasiert in fiktive Personen in Film und Internet, „trainiert" sozusagen nicht das Aushalten von zwischenmenschlicher Spannung. Er erträgt nie den ganzen Charakter so, wie es die Realität verlangt. Und so entwickeln sich evtl. emotional geladene „Als-ob"-Prägungen, für die das Fiktive Wirklichkeit, die Realität dagegen störende Fiktion bedeutet. Wir lernen sie kennen im Roman „Krebsgang" von Günter Grass als „Gustloff" und „Jude". Die Grenzen zwischen Phantasie und Wirklichkeit sind dort lange vor der Tat (wahrscheinlich auch in Erfurt) verwischt. Wir brauchen **belastbare** Humanität!

Tiere folgen dem Instinkt der Aufzucht, aber sie versorgen später nicht die Verletzten, die Alten, die Sterbenden. Das Bedürfnis und Pflichtgefühl, Schwachen zu helfen, zeichnet uns unter den animalischen Geschöpfen aus. Diese soziale Komponente haben frühere Jahrhunderte wahrgenommen unter dem Gebot der allgemein anerkannten Nächstenliebe. Heutzutage wird dieser moralische Kodex immer wieder in Frage gestellt. So wurde z. B. in Kinderläden das Gebot: „Der Stärkere setzt sich durch!" zur Moral erhoben; Steuerbetrug war schick, Absahnen pfiffig, preußisch-diszipliniertes Verhalten dumm und lächerlich. „Nur-Mütter" wurden früher – wenn auch oft übertrieben und kitschig – wegen ihrer Opferbereitschaft bewundert. Unsere Fun-Gesellschaft erkennt Verzicht nicht mehr als Leistung an; Verehrung der Mütter ist einer Missachtung dieser „dummen, bequemen Hausbackenen"

88

gewichen. Mütter sehen heute ihre Kinder oft nur abends, müde und kurze Zeit. Lehrer sind gejagt von „PISA". Bei den Schwächsten einer Gemeinschaft, z. B. bei den Kindern, wird der Schaden zuallererst sichtbar, den wir erleiden, seitdem wir den eigentlichen Mittelpunkt unseres Lebens nicht mehr offiziell anerkennen: Das Empfinden, das, was zu Herzen geht!

Irren wir uns nicht? Sind wir nicht häufig erstaunt, wenn ein rebellisch wirkender Jugendlicher unerwartet hilfsbereit ist? „Ein bisschen Liebe von Mensch zu Mensch" begegnet uns immer wieder, und „sie ist mehr wert als alle Liebe zur Menschheit"! Mitleid ist für Schopenhauer die Triebfeder moralischen Handelns, seitdem er als Jugendlicher die Qual der Galeerensträflinge in Marseille gesehen hatte. Das Mitleid, das zur eigenen Qual wird, aus Empathie, ist nicht nur ein Wohltätigkeitsgefühl, sondern eigenes Leid. **Mit**leid! Schindler in Spielbergs Film wird davon gepackt, nicht als er von Lagern hörte, sondern als er Mitmenschen leiden **sah**. Diese Eigenschaft der „Krone der Schöpfung" ist eine Bürde, nicht nur durch Erfüllung von Pflichten, sondern auch durch seelische Belastung. Der manches Mal berechtigte Ruf nach Abschaffen sinnloser Lebensverlängerung beruht häufig auch auf einer unbewussten Flucht der Angehörigen vor der eigenen seelischen Qual durch Mitempfinden. Das eigene Gefühl, projiziert in den Zustand des Patienten, kann ein Irrtum sein, wenn Patienten nicht mehr im gleichen Kontext, nicht mit den gleichen Ansprüchen existieren wie in gesünderen Zeiten, also auf ihre Art evtl. noch leben wollen. Es ist also wichtig, dass wir auch hier, im Handhaben einer so edlen Eigenschaft wie liebendem Mitempfinden, Spannung aushalten können.

Der Irrtum hat sich eingeschlichen, dass wir die Wellen unserer Gefühle erleichternd steuern können, so wie wir durch die Geschenke der Zivilisation unseren Körper vor allerlei Missempfinden verschonen können.

Die Bezeichnung Fun-Gesellschaft beinhaltet sowohl das Verdrängen vorhandener Probleme bei sich und bei anderen als auch die Methode, sich durch Ablenkung, durch „action", gegen unangenehme Empfindungen abzuschotten. Man ist nicht mehr „unsterblich verliebt", sondern lebt in einer „Beziehungskiste". Man hat nicht mehr „Lampenfieber", sondern lässt sich psychotherapeutisch behandeln. Familien sind kaum noch Schauplatz, wo gelitten und gestorben wird. Krankenhäuser und Altenheime gönnen ein Stück Distanz und vor allem Befreiung von Verantwortung. Kinder mit Schulschwierigkeiten werden dem Schulpsychologen zugeführt. Überall gibt es Fachleute, wo früher Eltern, Nachkommen, Lehrer beunruhigt wurden. Man hat Leiden als Teil des Lebens nicht mehr eingeplant. Angebote in Kino, Fernsehen und Theater erschüttern uns nur noch selten in unseren eigenen Konflikten, man erlebt Sensation, Theorie und Gags. Rührung und Begeisterung werden kaum geweckt, nie gezeigt, berühren peinlich. Eine Verflachung des Gefühlslebens, u. a. als Folge des Wohlstands, hat allerdings auch sichtbare Aggression verringert.

Wie dünn die Decke ist, die vorhandene Frustration und Fehlentwicklung verdeckt, wurde uns in Erfurt an dem „unauffälligen" Schüler vorgeführt. Wenn „Glücklich-Sein" einziger Lebenszweck einer Fun-Gesellschaft ist, dann ist Unglück Versagen, Glück nicht mehr göttliches Geschenk, sondern Verdienst. Bevorzugung durch Fortuna wird als verdiente Selektion gewertet. Mit diesem, meist unbewussten Weltbild wird viel gelächelt, viel geprahlt, oft beschuldigend angeklagt und nur heimlich gelitten. Es verkümmern Mitleid (Schopenhauer, 1788 – 1860), Mitvollzug (Max Scheler, 1874 – 1928) und Barmherzigkeit (Christentum). Es geht aber auch verloren das Glück des Gebenden. „Voraussetzung von Glück ist Tugend", sagt Plato, - „Tugend ist Wissen um die wahre Glückseligkeit" Aristoteles. „Liebe und tue, was Du willst!", so formuliert Augustin (354 – 430) einen einfachen Weg zur Begrenzung von nacktem Egoismus.

Ein Zusammengehörigkeitsgefühl aller Menschen stellt einen Teil unserer Sehnsucht nach Harmonie, nach Frieden dar. „Alle Menschen werden Brüder", träumt Schiller. Nicht die kleinen Unterschiede menschlicher Schicksale, sondern die Gleichheit dessen, was von allen erlebt wird, überwiegt. Da sind Geburt, Mutterschaft, Krankheit, Tod, Angst; andererseits glückliche Momente, Liebe, Schönheit, Erfolgserlebnisse,

und das alles in einem doch kurzen Leben vor einem undurchsichtigen Hintergrund. Wie schwer machen wir es uns mit all dem Neid und Hass! Allerdings verkäme eine Sehnsucht nach Verbrüderungsgefühlen zu Kitsch, wenn wir uns nicht klar machten, dass keine warme Empfindungswoge das Leben erleichtert, sondern die Bereitschaft, das Trennende zu ertragen.

Wir erleben eine „Entzauberung" „als Folge zunehmender Machbarkeit", sagt Max Weber (1864 – 1920), als „Preis für die Objektivität der Erkenntnis, die wir von der Wissenschaft verlangen. Wissen und Leben stehen sich hier unversöhnlich gegenüber. Es kommt zu einer allseitigen Gleichgültigkeit und bloßen Selbsterhaltung, gegen die ein Glauben-Wollen letzten Schutz bot. Aber Wissenschaft gibt auf die Frage nach dem Sinn des Lebens keine

Antwort. Es kommt zu einer „eisigen Betrachtungsweise, einer unendlichen Distanz zum Gegenstand".

> Der amerikanische Lyriker Wallace Stevens (1879 – 1955) sagt dazu in „Ethique du Mal" (The Collected Poems):
> Wie kalt ist die Leerstelle
> Wenn die Phantome fort sind und der erschütterte Realist
> Die Wirklichkeit zum ersten Mal wahrnimmt. Das sterbliche Nein
> Hat seine Leere, seine tragischen Zeiten des Verfalls.
> Doch könnte die Tragödie ihrerseits begonnen haben
> Mit dem Neuerwachen der Phantasie
> Im Ja des Realisten, das er gesprochen hat, weil er
> Ja sagen musste, gesprochen, weil unter jedem Nein
> Eine Leidenschaft lag für das Ja, ganz ungebrochen.

Stevens spricht es an, unser Problem: Haben wir keinen Gott mehr, so bildet sich eine „Leerstelle" da, wo das Zentrum unserer Gefühle, unserer Wünsche und Ängste, unseres Daseins sich befindet. Wie sehr wir die großen Fragen verdrängen, ist zu beobachten am Wandel der Sitten: Kaum Trauer-Kleidung, kein Trauerjahr, d. h. dem Tod möglichst wenig Raum geben. Auch der Beginn des Lebens, Geburt und Säugling, sind entzaubert; das kleine Wunder kann schnell weggegeben werden zu Pflegemüttern und Krippen, weil berufliche Verwirklichung Vorrang hat. Kinder sind nicht mehr Schicksal, sondern werden möglichst geplant in eine technisch organisierte Welt gegeben, was nicht heißen muss, dass sie nicht geliebt würden. Was sich geändert hat, ist das Verhältnis zwischen Schicksal und Mensch zu Gunsten einer Vermehrung menschlicher Macht. Halten wir die „Leerstelle" aus, ohne Illusion, ohne Utopie? Stevens meint: Nein, eine neue Illusion, ein neuer Traum schleicht sich ein: Personifizierungen, Mythen, Religionen, Sekten, Ideale, Legenden usw. Sie alle bewegen Gefühl, Sehnsucht, drücken eben das aus, was uns zu Herzen geht! Stevens „Leerstelle" hinterlässt kalten Egoismus, „eine unschöne neue Welt". Bezaubernde Illusion dagegen wird fast überall missbraucht, bewusst und unbewusst, für Machtbedürfnisse, Gewinnstreben, Gier nach Anerkennung.

Kunst hat uns vielleicht vorgeführt, wie dieser Konflikt zwischen Realität und Empfinden bewältigt werden kann: Die „Nicht-gegenständliche-Malerei" bringt Gefühl zum Ausdruck, ohne es an Objekte zu fixieren. Den Übergang sehen wir im Expressionismus, der die reale Welt mit subjektiven Empfindungen überlagert und verfremdet. Für unsere Psychologie heißt das: Subjektive Projektionen haben ihre Berechtigung, ihren seelischen Wahrheitsgehalt, können weitergegeben, aber nicht befohlen werden. Wir dürfen oder müssen das anerkennen als Tatsache, was wir subjektiv erleben, z. B. unser religiöses Gefühl eines Eingebundenseins, einer irrationellen Heiligkeit, einer Beglückung durch Musik und Natur.

Haben wir eine „Welt-Anschauung"? Schauen wir? Es scheint, wir betrachten viel und schauen wenig.

Schon die ionischen Naturphilosophen bewegte „das geistige Schauen abstrakter Dinge (theorein)", Plato sprach von der „Theoria", „dem zweckfreien Schauen", und für

Aristoteles bedeutete „das der denkenden Betrachtung gewidmete Leben (bios theoreticos) höchste Glückseligkeit". Schopenhauer schildert „das interesselose Wohlgefallen bei anschauender Kontemplation, die uns für beglückende Augenblicke von Intellekt und Willen befreit". Christen pflegen Andacht, ekstatisch in der Mystik, bescheidener in Gottesdienst und Gebet.

Schauen ist Besinnung, zentrales Fühlen in „schlechthinniger Abhängigkeit", wie Schleiermacher sich ausdrückt.

Dieses Innehalten ist die Wurzel von Gesinnung, kann uns helfen bei der Bewältigung der einschneidenden Probleme unserer Zeit. Dieses Bedürfnis, schauend (sub specie aeternitatis) zu leben, ist heute verdrängt durch „action", aber nicht verschwunden. Es rührt sich im Angesicht der Natur und in ernsten Stunden, wird leider in Sekten, Spukgestalten und Esoterik verflacht zur Geltung gebracht. Ästhetik, Kunst kann das fühlende Schauen festhalten, ausdrücken, wenn sie sich nicht selber in lärmende Aktion verwandelt, wie es heute leider häufig der Fall ist.

„Es vermag allein das Genie in der Kunst durch reine Kontemplation und ungewöhnliche Kraft der Phantasie die ewigen Ideen aufzufassen und darzustellen", sagt Schopenhauer.

Dies Nebeneinander von nüchternem Verstand und emotionaler Weltsicht schildert Wilhelm Lehmann (1882 – 1968) in „Vom lyrischen Gedicht" folgendermaßen: „Es gibt Menschen, die sich von einer wissenschaftlichen Formel beschützt fühlen, andere, denen das Leben ohne verwandelnd in Besitz nehmende Phantasie überhaupt dumpf unzugänglich bleibt. Ihnen ist, wie sehr viel mehreren ohne Musik – das Leben ohne Dichtung ein Irrtum. Sie fassen den Flug der Schwalbe erst, wenn sie lesen: „Um Hals und Hüften legen Schwalben tief den saturnisch schiefen Ring“, ein Teppichklopfen erst, wenn es in Verse aufgenommen wurde: „Der Staub steigt müde, fällt, Staub von vielen Flüssen, vielen Tagen. Der Leichnam alten Lebens wird geschlagen, er hebt sich nicht bis an die Welt.“ … „Denkerische Konstitution strebt dem Absoluten direkt zu, künstlerische hält in einer Entfernung davon inne.“

Meine Frage: Müssen sich die Geister scheiden? Kann nicht ein Jeder aus sich heraus mit beiden Antennen Welt erleben? Wissenschaft erklärt meinem interessierten Verstand den materiellen Aufbau der Natur, Mein Gefühl dagegen ist ergriffen vom Weben und Leben mit seinem Zauber, seinem Geheimnis, mit seiner Unendlichkeit von Raum und Zeit. Metaphysik ist das, was über Physik hinausgeht und rational beschrieben, aber nicht erklärt werden kann. Dieser Anteil unseres Ich erscheint als das Treibende, Sehnende in uns, als unsere Mitte, vernetzt und beeinflusst von unserem Leib. Wenn wir dieser unserer Mitte nicht eine Existenzberechtigung zurückgeben, dann kommt es zu einer schädlichen Verschiebung, sowohl im einzelnen Menschen als auch in der Ideologie der Allgemeinheit!